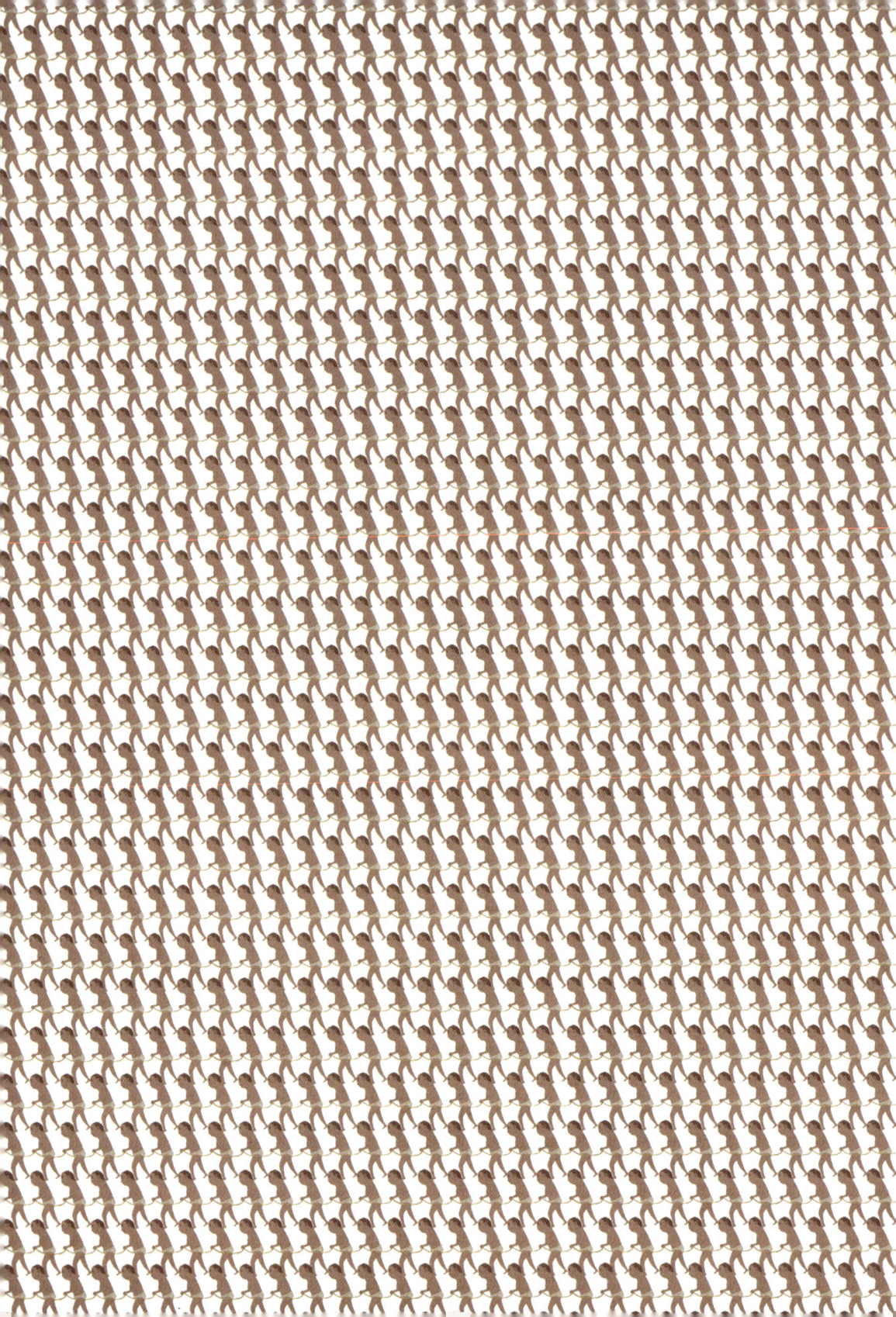

어린이에게
일을 시키는 건
반칙이에요

이상한 지구 여행 ① 불평등

어린이에게 일을 시키는 건 반칙이에요

초판 1쇄 발행 | 2012년 9월 21일
초판 5쇄 발행 | 2014년 5월 18일

지은이 | 장성익
그린이 | 송하완
펴낸이 | 나힘찬

기획위원 | 신일철
마케팅총괄 | 고대룡
책임편집 | 김영주
책임디자인 | 고문화
사진 제공 | 국제앰네스티 한국지부, 굿네이버스, 굿피플, 농촌진흥청, 월드비전
필름 | 예컴
인쇄 | (주)지텍
유통 | 북패스

펴낸곳 | 풀빛미디어
등록 | 1998년 1월 12일 제13호-518호
주소 | 서울시 서대문구 북아현로 103 (북아현동) 아주빌딩 202호
전화 | 02-733-0210
팩스 | 02-6455-2026
전자우편 | sightman@naver.com
이벤트블로그 | bolg.naver.com/pulbitmedia

ISBN 978-89-88135-96-9 74300
ISBN 978-89-88135-95-2 (세트)

저작권법에 따라 보호받는 저작물이므로 무단 전재와 복제를 금합니다.
책값은 뒤표지에 있습니다.
파본은 구매하신 서점에서 바꾸어 드립니다.

0 0 1
이상한 지구 여행
불 평 등

어린이에게 일을 시키는 건 반칙이에요

장성익 글 | 송하완 그림

풀빛미디어
Pulbit media

모두 배불리 먹을 만큼 식량이 있는데 왜 굶주리는 아이가 있을까요?

아마도 여러분은 '오늘 저녁엔 뭘 먹을까?' 기대하면서 맛있는 음식과 즐거운 식사 시간을 기다릴 때가 자주 있을 것입니다. 하지만 이 세상 곳곳에는 매일같이 '오늘 저녁은 굶지 않을까?' 걱정하면서 살아가는 사람이 아주 많습니다.

또 어떤 아이는 잘사는 선진국이나 부잣집 자식으로 태어났다는 이유만으로 아무런 걱정 없이 하고 싶은 걸 맘껏 즐기며 편안하게 삽니다. 이에 견주어 어떤 아이는 가난한 나라에 태어나거나 집안 형편이 너무 어려운 탓에 아무리 훌륭한 재능을 갖추고 있고 안간힘을 다해 노력해도 사는 게 힘들기만 합니다.

사람은 누구나 행복하게 살고 싶어 합니다. 그리고 행복하게 살 권리가 있습니다. 하지만 이 세상에는 자신의 잘못이나 책임과는 아무런 상관없이 불행에 시달리는 사람이 아주 많습니다. 특히 수많은 아이가 가혹한 노동에 시달리거나, 쓰레기장에서 먹을 것을 구하거나, 거리를 떠돌거나, 병사로 끌려가 전쟁에 동원되는 것과 같은 안타까운 일이 오늘도 세계 곳곳에서 벌어지고 있습니다.

이런 일이 끊이지 않는 이유는 뭘까요?

이를테면 왜 세상에는 굶주리는 사람이 넘쳐날까요? 식량 자체가 부족해서일까요? 아닙니다. 이 세상에는 모든 사람이 먹고도 남을 만큼 많은 식량이 생산되고 있습니다. 하지만 그 식량이 고르게 나누어지지 못하고, 꼭 필요한 곳이 아니라 엉뚱한 곳에 낭비되고 있습니다. 식량뿐만 아니라 다른 대부분의 부와 자원도 마찬가지이지요.

또 많은 사람이 극심한 가난에서 벗어나지 못하는 이유는 뭘까요? 그들이 게을러서일까요? 능력과 의지가 모자라서일까요? 그

건 아닌 듯합니다. 가장 큰 원인은 그들에게 자신의 능력을 발휘할 기회나 조건이 제대로 주어지지 못하고, 열심히 일해도 그에 걸맞은 정당한 대가를 받지 못하는 데 있는 게 아닐까요?

그렇습니다. 문제는 '불평등'입니다. 지금 지구 곳곳에서 많은 사람이 겪고 있는 다양한 불행과 비극의 뿌리를 찬찬히 들여다보면 종종 불평등 문제와 맞닿아 있습니다. 특히 요즘 여기저기서 사회의 '양극화'를 우려하고 이른바 '경제 민주화'와 복지를 강조하는 데서도 볼 수 있듯이, 오늘날 불평등 문제는 우리가 해결해야 할 가장 큰 과제로 떠오르고 있습니다.

이 책은 이 불평등이라는 중요한 주제를 다각도로 살펴본 어린이 인문 교양서입니다.

불평등 문제는 겉으로 드러난 현상만 보아서는 제대로 이해할 수 없습니다. 그래서 이 책에서는 불평등이 과연 무엇인지를 생생한 실제 사례로 보여주는 것은 물론, 불평등의 역사적 배경과 구조적 원인도 짚어 보았습니다. 또한 불평등을 줄이거나 없애기 위해 해야 할 일과 실제로 할 수 있는 일이 무엇인지도 구체적으로 제시했습니다. 그래서 이 책에는 불평등과 연관된 정치, 경제, 역사, 사회, 문화 등에 대한 이야기가 서로 얽히고 연결되면서 다채롭게 등장합니다. 최근 교육에서 중시되는 '통합적 접근'을 한 셈이지요.

아무쪼록 이 책을 읽으면서 불평등 문제에 대한 안목이 더 넓어지고 깊어지기 바랍니다. 그럼으로써 이 세상의 참모습을 알고 나와 다른 삶을 살아가는 사람들을 이해하는 데 꼭 필요한 종합적인 사고력과 논리력을 키우기 바랍니다.

이 책이 세상의 불평등을 줄이는 데 조금이라도 도움이 된다면 참 좋겠습니다.

2012년 9월

장성익

_ 차례 _

책을 내면서 **4**

1부
불평등은 어떤 모습일까?

이 돌이 음식이라면 얼마나 좋을까? **12**
채찍을 맞으며 일하는 아이 **16**
살인 기계가 된 열두 살 소년병 **22**
비만으로 죽는 사람, 굶어서 죽는 사람 **27**
'1 대 99'의 세상 **34**
불평등은 '괴물'이자 '암세포'다 **37**

2부
지구촌 불평등의 현장을 찾아서

부자의 쓰레기는 가난한 사람의 음식이다? **44**
노예는 사라지지 않았다 **56**
돌 깨는 아이들 **66**
"나는 낙타가 무서워요" **77**
장난감 대신 총을 든 아이 **92**
누가 이 소녀의 행복을 빼앗았는가? **99**
자신의 땅에서 쫓겨나는 사람 **109**
나라 전체가 바닷물에 잠긴다면 **124**
살인자로 변한 이웃집 아저씨 **133**

3부
불평등은 왜 생길까?

유럽의 아메리카 침략과 식민지 지배 144

비참한 흑인 노예 148

세계의 불평등은 어떻게 시작됐나? 151

독립 뒤에도 계속되는 불평등 154

세계화 경제란 무엇인가? 157

강한 자에게 유리한 경제 160

불평등과 민주주의 165

가난의 덫, 상품작물! 167

그 많던 옥수수와 쌀은 어디로 갔을까? 171

다국적 기업의 횡포 175

빚에 허덕이는 나라들 177

피해는 가난한 사람에게 집중된다 181

불평등과 가난의 뿌리, 세계화 경제 184

4부
불평등을 해결하려면?

아프리카의 우물과 네팔의 수차(水車) 이야기 188

좋은 원조란 무엇일까? 193

행복에 대한 새로운 생각 198

불평등 문제의 해결 과제 201

내가 할 수 있는 일 몇 가지 206

도움받은 책 212

1부
불평등은 어떤 모습일까?

오늘날 세상은 얼핏 보면 아주 풍요로운 것 같습니다.

어딜 가든 갖가지 물건과 먹을거리가 넘쳐나는 것처럼 보이지요.

대형 상점이나 백화점에 가 보면 수많은 상품이 산더미처럼 쌓여 있잖아요?

하지만 실제의 세상은 그렇지 않습니다.

지금 이 지구 상에는 굶주림으로 고통받다

죽어 가는 사람이 아주 많습니다.

이 돌이 음식이라면 얼마나 좋을까?

"얘야, 조금만 더 기다려. 곧 밥이 다 될 거야."

브라질 북부의 어느 가난한 마을에 사는 리타 아주머니는 아들 카밀로에게 먹일 저녁밥을 준비하고 있습니다.

이제 갓 다섯 살이 된 카밀로는 온종일 제대로 먹은 게 없어 배가 무척 고픕니다. 벌써 한 시간 전부터 빨리 밥을 달라며 엄마를 보채고 있습니다. 아무리 기다려도 밥이 다 될 기미가 없자, 참다 못한 카밀로는 급기야 울음보를 터뜨렸습니다. 리타 아주머니는 지금 그런 카밀로를 간신히 달래는 중입니다.

곧 허물어질 것 같은 리타 아주머니네 판잣집 한구석에 있는 아

　궁이 위에는 냄비가 놓여 있습니다. 그 안에 무슨 음식이 들었는지 보글보글 물 끓는 소리가 연신 나네요. 그런데 뭔가 이상합니다. 시간이 제법 지났는데도 계속 물 끓는 소리만 들릴 뿐입니다. 음식 냄새라도 좀 풍길 법한데, 그런 낌새는 전혀 없습니다.
　　도대체 무슨 일일까요?
　　알고 보니 냄비 안에 있는 건 음식이 아닙니다. 그저 자그마한 돌멩이 하나만 들어 있습니다. 그래요. 너무 가난한 리타 아주머니는 먹을 것을 구하지 못했습니다. 그래서 배가 고파 우는 카밀로가 밥을 기다리다 지쳐서 그냥 잠들기를 바라고 있는 것입니다. 조금만 기다리면 밥이 될 거라는 거짓말을 하면서 말입니다.

브라질의 가난한 판자촌에서는 이런 일이 흔하다고 합니다. 배고픔에 시달리는 어린 자식에게 밥 한 끼 배불리 먹이지 못하는 엄마의 마음은 어떨까요? 거짓말까지 하면서 어린 자식이 울다 지쳐 잠들기를 기다리는 엄마의 심정은 과연 어떨까요?

세계적으로 볼 때 하루에 10만 명이, 5초에 1명의 어린이가 먹을 것을 제대로 먹지 못해 죽어 가고 있습니다. 지금 세계 인구는 70억 명입니다. 그런데 지난 1990년에서 2011년까지 20여 년 동안 '가난'으로 죽은 사람은 무려 3억 8000만 명에 이릅니다. 놀랍게도 이는 20세기에 일어난 커다란 전쟁에서 희생된 사람의 수를 모두 합친 것보다 많습니다. 또 70억 명의 세계인 중에 굶주리는 사람이 10억 명이 넘습니다. 전 세계인 7명 중 1명이나 되는 셈이지요.

세 아이를 키우지만 자신의 땅이 없어 농사도 짓지 못하고 직장도 없어 가난에 시달리는 인도의 어느 여성은 이렇게 말합니다.

"눈을 뜨면 늘 배가 고파요. 옆에선 밥 달라는 아이 울음소리가 들리죠. 어떤 날은 아침에 눈을 뜨지 말았으면 좋겠다는 생각이 들어요. 죽어서 하늘나라로 가면 배고픈 고통은 없을 테니까요. 아이들에게 뭔가 씹을 걸 주려고 다른 사람들이 먹다가 버린 사탕수수를 모은 적도 있어요. 시장은 근처에도 안 가요. 배고픈데 아무것도 살 수 없으면 너무나 고통스러워요."

채찍을 맞으며 일하는 아이

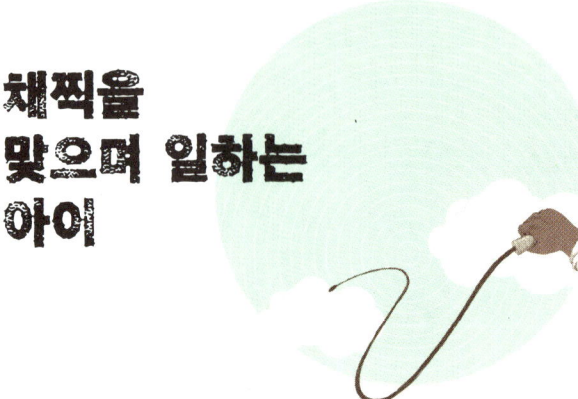

"아악!"

너무 피곤해서 꾸벅꾸벅 졸던 아자드의 입에서 느닷없이 비명이 터져 나옵니다. 감시하던 공장 주인이 채찍으로 아자드의 등을 사정없이 내려쳤기 때문이지요. 너무 아파서 눈물이 찔끔 나옵니다. 맞은 부위에선 피까지 배어 나오고 있습니다.

공장 주인은 아자드를 사정없이 혼냅니다.

"야, 이 게을러터진 놈아, 도대체 일은 언제 할 거야!"

아자드는 열한 살의 파키스탄 소년입니다. 집안이 찢어지게 가난한 탓에 한 푼이라도 집안 살림에 보태기 위해 아주 어렸을 때

부터 일했습니다. 채석장에서 돌을 깨기도 하고 시장 같은 데서 짐꾼으로 일하기도 했지요.

아자드가 지금 일하는 곳은 집에서 멀리 떨어진 양탄자 공장입니다. 어느 날 자기를 따라오면 돈을 많이 벌게 해 주겠다는 나쁜 아저씨의 꾐에 그만 넘어가 버렸거든요. 학교도 못 가고 밥도 배불리 먹을 수 없는 가난이 너무나 지긋지긋했던 아자드는 이것저것 따져 볼 겨를도 없었습니다.

그러나 막상 공장에 와서 보니 돈을 많이 번다는 말은 새빨간

거짓말이었습니다. 그와는 정반대로 아자드를 기다리는 건 지옥 같은 생활이었습니다. 이곳에서 일과는 새벽 4시에 시작됩니다. 깜깜한 꼭두새벽부터 온종일 카펫 짜는 일을 해야 합니다. 먹을 것은 굶어 죽지 않을 만큼만 줍니다. 작업장은 비좁고 축축하고 어둡습니다. 게다가 카펫 원료에서 나오는 먼지가 종일 풀풀 날려서 연신 기침을 할 수밖에 없습니다. 잠시라도 졸거나 실수하면 어김없이 채찍질과 욕설이 날아듭니다.

그런데 이렇게 일하고서 받는 돈은 하루에 고작 30원에 불과합니다.

11세라면 학교에 다니면서 공부도 하고 친구와 어울려 신 나

채석장에서 무거운 돌을 나르는 아동
(인도)_굿네이버스 제공

식구들의 생계비를 벌기 위해 꿈을 포기한 채
일하고 있는 소년(인도)_굿피플 제공

게 놀 때입니다. 부모님의 사랑과 보살핌을 듬뿍 받을 때이기도 하고요. 한데 열한 살 아자드는 아무런 죄도 잘못도 저지르지 않았는데 노예나 죄수와 다름없는 비참한 생활을 이어 가고 있습니다.

자, 그런데 아자드와 같은 아이가 드문 예일까요? 아닙니다. 세계에는 아자드와 같은 어린이 노동자가 수없이 많습니다. 무려 2억 2000만 명이나 되지요. 이 가운데 1억 8000만 명이 아주 형편없는 환경 속에서 가혹한 노동에 시달리고 있습니다. 매년 노예로 팔려 가는 아이만 120만 명이나 되고요.

　아자드처럼 굶주림에 지친 아이는 돈을 벌게 해 주겠다는 나쁜 사람의 유혹에 넘어가기 쉽습니다. 강제로 납치되거나 유괴를 당하기도 합니다. 부모가 진 빚 대신에 팔려 가는 일도 종종 있고요.

　어린이 노동자가 일하는 곳은 주로 양탄자나 벽돌 만드는 공장, 광산, 채석장, 커다란 농장이나 목장 등입니다. 짐꾼, 가정부, 상점의 심부름꾼으로 일하기도 하고, 쓰레기 분리와 수집 같은 일을 하기도 합니다. 아이가 충분히 먹지 못하는 것은 두말할 필요도 없고요.

　해로운 물질 탓에 몸이 기형이 된 아이, 영양이 부족해서 제대로 성장하지 못한 아이, 갖가지 전염병에 시달리는 아이, 시력을 잃을 정도로 눈이 나빠진 아이, 한 자세로 너무 오래 일해서 몸이 이상한 형태로 바뀐 아이 등 나쁜 사례는 아주 많습니다.

　싼값에 맘대로 부려 먹기 편하다는 이유로 지구촌 곳곳에서 어린이를 괴롭히고 있는 겁니다.

살인 기계가 된
열두 살
소년병

탕! 탕! 탕!

울창한 숲에서 연방 귀를 찢을 것 같은 날카로운 총소리가 울립니다. 여기저기서 총구가 불을 뿜어 대고 총알이 사방으로 휙휙 날아다닙니다. 치열한 전투가 벌어진 거지요. 그런데 자세히 보니 총을 쏘는 건 어른 군인이 아니라 앳된 모습의 아이들입니다.

이스마엘도 그 아이들 틈에서 마구 총을 쏘고 있습니다. 이 숲에선 도대체 무슨 일이 벌어지는 걸까요?

때는 1993년, 장소는 아프리카 서쪽의 조그만 나라 시에라리온.

　　이스마엘은 이제 겨우 12세 소년입니다. 당시 시에라리온은 정부군과 반군이 싸우고 있었습니다. 곳곳에서 사람을 죽이고, 물건을 약탈하고, 마을을 불태우는 일이 매일 일어났습니다. 가는 곳마다 시체와 팔다리가 잘린 사람이 즐비했지요.
　　그 와중에 이스마엘의 식구들도 아스마엘이 보는 앞에서 반군에게 모두 잔인하게 살해당하고 말았습니다. 사랑하는 엄마, 아빠와 형제가 참혹하게 죽어 가는 모습을 바로 코앞에서 목격한 이스마엘은 분노와 증오심에 사로잡혔습니다. 그래서 결국 정부군

의 소년병이 되고 말았습니다. 그때부터 자기 가족을 죽인 반군과 싸웠습니다.

　어른들은 두려움을 잊으라고 날마다 마약을 주었습니다. 마약에 취해 제정신이 아닌 이스마엘은 사람 죽이는 것을 아무렇지도 않게 여기는 무서운 병사가 되어 갔습니다. 가끔 겁에 질려 꽁무니를 빼면 어른 군인들은 죽이겠다고 총칼로 위협하며 전쟁터의 맨 앞에 총알받이로 이스마엘을 내몰기도 했습니다. 이스마엘은 점점 죄책감도 없이 미친 듯이 총을 쏘고 칼을 휘두르며 사람을 죽이는 살인 기계가 되어 갔습니다.

　나중에 이스마엘은 그 시절을 돌아보며 이렇게 말합니다.

　"지난 2년간 매일 반복되는 일과는 사람을 죽이는 것이었습니다. 나는 누구에게도 동정심을 느끼지 않았습니다. 나도 모르는 사이에 내 어린 시절은 끝났고, 내 심장은 차갑게 얼어붙었습니다."

　무섭고 슬픈 얘기죠? 그런데 이런 소년병 이야기는 아프리카에서 드문 일이 아닙니다. 10억의 인구가 사는 아프리카 대륙은 지금도 곳곳에서 전쟁이 끊이지 않고 있습니다. 12~15세밖에 안 된 소년병이 12만 명이나 된다고 합니다. 아시아의 여러 나라까지 포함하면 전 세계에 소년병 숫자는 수십만 명은 되지요.

  소년병은 대부분 배고픔, 협박, 두려움을 이기지 못해 전쟁터로 끌려갑니다. 순진한 아이까지 사람을 죽이는 살인 기계로 만드는 추악한 전쟁은 지금도 지구촌 곳곳에서 계속되고 있습니다. 그 속에서 수많은 아이가 죽어 가고 있고, 또 다른 사람을 죽이고 있습니다.

비만으로 죽는 사람, 굶어서 죽는 사람

　이런 얘기를 들으니까 세상이 너무 슬프게 보이죠? 하지만 지금 소개한 얘기들은 아주 작은 부분에 지나지 않습니다. 세상을 좀 더 넓고 깊게 들여다보면 가슴 아픈 사연이 무수히 많습니다.

　즐겁고 신 나는 얘기가 더 좋다고요? 물론 그렇겠지요. 하지만 어둡고 우울한 얘기도 잘 알아둘 필요가 있어요. 그래야 우리가 사는 세상이 어떤 곳인지를 더 정확하게 알 수 있으니까요. 나아가 자신의 생활을 돌아보고 앞으로 어떻게 사는 게 좋을지 더 깊이 생각해 볼 수 있으니까요.

　자, 그런데 이런 궁금증이 생길 것 같네요. 왜 이런 비참한 일이 자꾸 일어날까? 왜 굶어 죽는 사람이 사라지지 않을까? 이런 의문 말입니다.

   세상의 겉모습만 보면 풍요와 부가 넘치는 것이 사실이에요. 하지만 이 풍요와 부가 고르게 분배되지 않는다는 게 문제입니다. 이것을 바로 '불평등'이라고 합니다.

   아주 적은 수의 부자는 엄청난 재산으로 상상하기도 어려운 풍요를 누리지만, 수많은 가난한 사람은 하루 세끼 밥조차 제대로 먹을 수 없다는 거지요. 이건 개인뿐만 아니라 나라와 지역 사이에도 벌어지는 일입니다. 안타깝게도 지금 우리가 사는 세상

은 이런 불평등이 아주 심합니다. 그리고 갈수록 심해지고 있습니다.

예를 들어 볼까요? 세계인 중 가장 부유한 5분의 1이 가장 가난한 5분의 1이 가진 부의 무려 150배를 가지고 있습니다. 세계인 중 가장 부유한 5분의 1이 지구 상에 있는 모든 육류와 어류를 절반 가까이 먹어 치웁니다. 이에 비해 가장 가난한 5분의 1은 불과 5퍼센트만 먹고 있습니다.

전기, 석유와 같은 에너지도 마찬가지입니다. 세계인 중 가장 부유한 5분의 1이 전체 에너지의 60퍼센트를 쓰는데, 가장 가난한 5분의 1은 4퍼센트만 소비합니다.

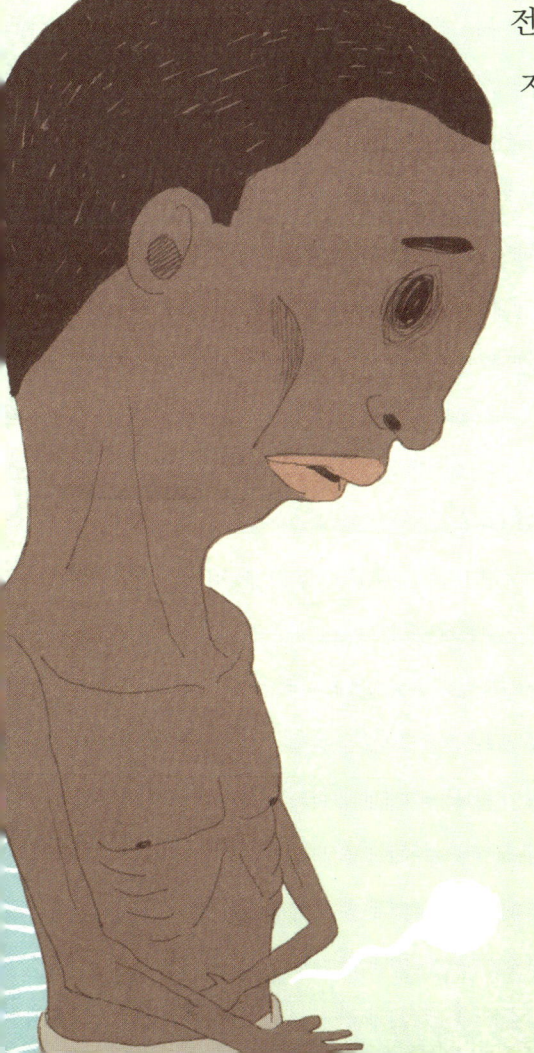

가장 부유한 5분의 1은 세계 모든 종이의 84퍼센트를 사용하고 세계 모든 차량의 87퍼센트를 갖고 있습니다. 그렇지만 가장 가난한 5분의 1이 사용하는 종이의 양와 가진 차량의 수는 각각 1퍼센트밖에 되지 않습니다.

식량은 어떨까요? 세계적으로 굶주리는 사람이 많은 이유가 식량이 부족해서일까요?

아닙니다. 지금 이 지구 상에는 120억 명이 먹고도 남는 식량이 생산됩니다. 세계 인구가 70억이니, 이 정도면 전 세계 사람의 거의 두 배에 가까운 사람이 먹을 수 있는 양입니다. 하지만 세계에는 굶주림으로 죽어 가는 사람, 제대로 먹지 못해 영양실조나 각종 질병에 시달리는 사람이 너무나 많습니다.

세계에서 가장 부유한 나라인 미국에서는 인구의 절반 이상이 뚱뚱하다고 합니다. 그래서 수많은 미국 사람이 비만 때문에 생긴 각종 질병으로 죽습니다. 이처럼 한쪽에서는 너무 많이 먹어서 죽어 가고, 다른 한쪽에서는 먹지 못해 죽어 가는 사람이 끊이지 않습니다.

리타 아주머니가 사는 브라질도 한번 볼까요? 브라질은 세계에서 곡물을 가장 많이 수출하는 나라 가운데 하나입니다. 생산량만 보면 식량을 자급자족하고도 남지요. 그런데도 리타 아주머니

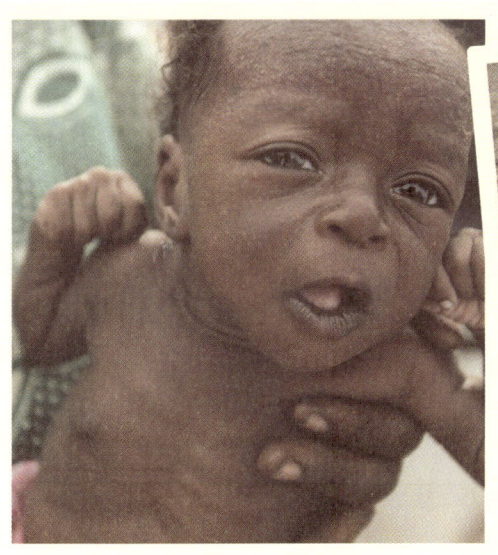

기근으로 고통받고 있는 아기 (차드) _ 굿네이버스 제공

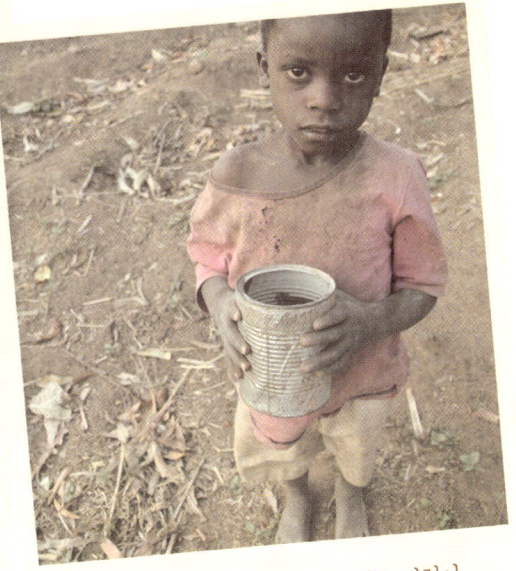

가난과 굶주림으로 고통받고 있는 어린이 (말라위) _ 굿피플 제공

배가 고파 구호단체에서 나눠 주는 영양죽을 간절히 기다리는 아이들 (케냐) _ 굿피플 제공

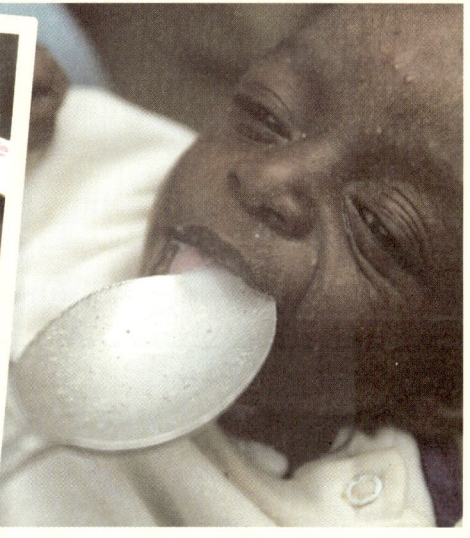

영양실조에 걸린 아기가 힘겹게 미음을 먹는 모습 (차드) _ 굿네이버스 제공

네 식구들처럼 충분히 먹지 못해 영양 부족에 시달리는 사람이 수천만 명에 이릅니다. 브라질에서는 인구의 2퍼센트밖에 안 되는 부자가 나라 농토를 절반 가까이 소유하고 있습니다.

굶어 죽는 사람이 아주 많은데, 어처구니없게도 전 세계에서 생산되는 곡물 중 많은 양을 가축 사료로 주고 있습니다. 예를 들어 옥수수는 여러 나라 사람이 주식으로 먹는 곡물입니다. 그런데 전 세계에서 나는 옥수수의 무려 4분의 1을 소가 먹어 치우고 있습니다. 소가 먹어 없애는 많은 곡물을 사람이 골고루 나누어 먹는다면 굶주림을 없애는 데 크게 도움이 될 텐데 말입니다.

또한 전 세계적으로 제대로 먹지 못해 심각한 영양 부족에 시달리는 사람의 4분의 3이 농촌에 살고 있습니다. 정작 식량을 생산하는 곳은 농촌인데 바로 그 농촌 사람이 가장 많이 굶주리는 겁니다.

한편으로, 요즘은 사실 가난한 사람 중에 뚱뚱한 사람이 많습니다. 좀 이상한 얘기처럼 들리나요? 하지만 이건 사실입니다.

왜냐하면 가난한 사람들은 적은 돈으로도 손쉽게 배를 채울 수 있는 질 낮은 패스트푸드나 가공식품을 많이 먹기 때문입니다. 이런 음식은 대부분 값은 싸지만 열량이 아주 높습니다. 반면에 사람 몸에 꼭 필요한 영양분은 별로 없지요. 그래서 이런 음식 위주로 식사를 계속하면 살이 찌기 쉽고 건강도 나빠질 위험이 큽니다. 가난이 나쁜 식사로 이어지고 이것이 다시 건강을 해치게 되는 겁니다.

비만으로 고혈압, 당뇨, 심장병 등에 걸려도 가난한 사람은 돈이 없는데다 먹고사느라 너무 바빠서 제대로 치료를 받지 못하는 경우가 많습니다. 하지만 부자는 이런 병에 걸려도 값비싼 병원에서 충분하고도 수준 높은 치료를 받을 수 있습니다. 병은 평등하게 걸리지만 회복이나 치료는 불평등하게 이루어지는 거지요.

오늘날 세계 곳곳에서는 이처럼 상식적으로 이해하기 어려운 안타까운 일이 끊임없이 벌어지고 있습니다.

'1 대 99'의 세상

    사람들이 생활하는 모습도 너무 다릅니다. 어떤 나라의 부자는 경치 좋고 기후도 좋은 섬을 아예 통째로 사들여 거기서 자기들만의 사치스러운 휴가를 즐기기도 합니다. 이런 부자가 모여 사는 어떤 동네는 3미터도 넘는 높은 벽으로 둘러싸여 있고, 부자가 고용한 경비병이 총으로 무장한 채 사나운 개를 데리고 동네를 지키고 있습니다.

    이에 비해 어떤 나라의 빈민촌은 수십만 명이 바글바글 모여 살며, 여기 사는 사람은 근처의 거대한 쓰레기장을 뒤져 먹을 것을 구해야 합니다.

또 어떤 나라의 부자는 가벼운 알레르기만 생겨도 비행기를 타고 외국의 값비싼 병원을 찾아가 치료를 받습니다. 이에 견주어 어떤 나라의 가난한 사람은 큰 병에 걸려 몸이 아무리 아파도 진통제 하나 살 돈이 없어 고통을 고스란히 참고 견뎌야만 합니다. 그러다 그냥 죽기도 합니다.

바로 이런 것이 불평등의 모습입니다.

그리고 이런 불평등이 갈수록 깊어져 개인이든 나라든 잘사는 쪽은 갈수록 잘살게 되고, 못사는 쪽은 갈수록 못살게 되는 것, 그래서 극소수의 잘사는 사람과 대다수의 못사는 사람 사이의 격차가 갈수록 크게 벌어지는 것을 '양극화'라고 합니다.

얼마 전까지만 해도 상위 20퍼센트가 한 사회의 부와 권력 따위를 독차지하고 나머지 80퍼센트의 사람은 거기서 배제된다고 해서 '20 대 80의 사회'라는 말이 유행했습니다. 하지만 요즘은 '1 대 99의 사회'라는 말이 널리 사용되고 있습니다. 그만큼 전 세계적으로 불평등과 양극화가 더욱 심해진 거지요.

이런 현상은 대체로 아시아, 아프리카, 라틴아메리카(중남부 아메리카) 같은 곳에서 두드러지게 나타납니다. 하지만 잘산다는 미국이나 유럽 같은 이른바 선진국에도 어김없이 불평등은 있습니다.

우리나라 또한 불평등이 심한 나라입니다. 우리나라에서 잘사는 20퍼센트가 가진 자산은 못사는 사람 20퍼센트가 가진 자산의 57배에 이릅니다. 특히 상위 1퍼센트의 소유 자산은 하위 20퍼센트보다 무려 180배나 많습니다.

　대체로 잘사는 나라가 모인 경제협력개발기구(OECD)의 34개 회원국 중 우리나라는 두 번째로 소득 편중이 심합니다. 또 월급을 많이 받는 고소득 노동자와 적게 받는 저소득 노동자 사이의 임금 격차가 이 기구 회원국 중 두 번째로 큽니다. 이런 조사 결과는 우리나라의 불평등이 아주 심각하다는 것을 잘 보여 줍니다.

불평등은 '괴물'이자 '암세포'다

    불평등이나 가난은 경제적이고 물질적인 문제에서 끝나는 게 아닙니다. 정신적 문제이기도 합니다. 즉 삶의 존엄성과 자유, 인권에 관한 문제이기도 하다는 거지요.

    굶주림에 시달려 본 적이 있는 사람은 배고픔 그 자체도 큰 고통이지만, 무엇보다 불안감과 두려움, 굴욕감과 수치심, 슬픔을 견디기 어렵다고 말합니다. 이런 장면을 한번 상상해 보세요. 한 가정의 아버지가 식구들을 제대로 먹이지 못한 괴로움에 뜬눈으로 밤을 지새웁니다. 어머니는 배가 고프다고 울어 대는 아이들 앞에서 하염없이 빈손만 내려다보며 눈물을 흘립니다. 어린아이가 거리와 도시의 뒷골목을 헤매며, 식당과 호텔, 부잣집의 쓰레기통 따위를 뒤져서 찾아낸 음식 찌꺼기로 배를 채워야 합니다. 내가 만약 이런 처지에 놓인다면 어떤 기분이 들까요?

  가난이나 불평등은 또한 모든 사람을 망가뜨립니다. 아자드가 당하는 것처럼 어린이 노예 노동이 행해지는 곳에서는 아이를 마구 때리거나 밥을 굶기거나 가둬 놓는 것 같은 만행이 저질러집니다. 이스마엘이 경험한 것처럼 아이가 전쟁터에서 총알받이로 사용되기도 합니다. 가난과 빚 때문에 부모가 자식을 팔아넘기는 일

도 종종 일어납니다.

아이를 학대하는 어른과 자식을 팔아넘기는 부모. 불평등과 가난이 이들의 인간성이나 양심도 파괴하는 것입니다. 이처럼 불평등과 가난은 어른이고 아이고 할 것 없이, 가해자든 피해자든 가리지 않고, 인간 그 자체를 뿌리에서부터 망가뜨립니다.

또한 불평등은 범죄나 정신병, 자살 같은 사회문제를 일으키는 주범이기도 합니다. 대표적인 사례가 미국입니다. 미국은 세계에서 가장 힘세고 잘사는 나라로 알려졌지만, 동시에 불평등이 아주 심한 나라로도 유명합니다. 바로 이 때문에 미국은 선진국 중에서 범죄가 가장 자주 일어나고, 사람의 평균 수명이 가장 낮으며, 정신병에 시달리는 사람 수가 가장 많습니다.

자살도 마찬가지입니다. 예를 들어 유럽에서 스웨덴은 아주 평등한 나라에 속하고 스페인은 반대로 불평등이 심한 나라입니다. 그런데 학자들이 조사한 결과를 보면 이렇습니다. 스페인에서는 실업자 수가 늘어나면 자살하는 사람의 수도 덩달아 늘어납니다. 하지만 스웨덴에서는 실업자 수가 늘어나도 자살자 수가 늘지 않습니다.

왜냐고요?

자, 어떤 사람이 직장을 잃었다고 가정해 보세요. 실업자와 같은 약자를 제대로 보살피지 않는 스페인에서는 곧바로 가난과 같은 커다란 생활의 어려움에 빠질 수 있습니다. 그래서 자살하는 사람이 늘게 되는 거지요. 하지만 평등해서 실업자를 보호하고 도와주는 사회보장 제도가 튼튼한 스웨덴에서는 설사 직장을 잃더라도 큰 걱정 없이 생활을 유지할 수 있습니다. 자살할 이유가 없는 거지요.

또한 불평등은 부자에게도 나쁜 영향을 미칩니다. 불평등이 심한 미국에서는 가난한 사람의 수명만 짧은 게 아닙니다. 잘사는 미국 백인의 사망률도 다른 선진국 사람보다 높습니다. 평등한 스웨덴과 불평등한 영국의 직업별 사망률을 조사한 결과를 보면, 육체노동자부터 전문직 종사자에 이르기까지 모든 직업 분야에서 스웨덴의 사망률이 낮았습니다.

불평등은 또한 단지 소득 격차 같은 경제적인 문제에서 끝나는 것이 아닙니다. 불평등은 대학 입학과 같은 교육 기회, 건강과 수명, 주거 지역과 사는 집, 배우자 선택과 자녀 양육 등 사람의 일생 전부와 생활의 모든 면에 영향을 미칩니다. 그래서 불평등은 사람의 인생 자체를 좌우할 뿐만 아니라 자식과 후손에게 대물림되기 쉽습니다.

요컨대 불평등은 부자든 가난한 사람이든 가리지 않고 모든 사람의 몸과 마음을 동시에 망가뜨립니다. 그래서 불평등은 사회 전체를 병들게 하고 죽이는 치명적인 '암세포'라고 할 수 있습니다.

2부
지구촌 불평등의 현장을 찾아서

모든 사람은 평등합니다.

인간이라면 누구나 먹을 권리, 건강을 돌볼 권리, 배울 권리, 일할 권리, 잠자고 쉴 권리,

안전할 권리, 자유와 행복을 누릴 권리가 있습니다.

특히 자라나는 아이는 아직 신체와 정신이 미숙하므로 굶주려서는 안 되며,

학대받거나 버려지지 말아야 합니다.

바로 그래서 세계 인권선언 제25조에서는 "어린이와 청소년은 사회로부터 특별한 보살핌과

도움을 받을 자격이 있다."고 규정하지요. 하지만 이 세상엔 이런 권리를 누리지 못하는 어린이,

이런 보살핌을 받지 못하는 아이가 너무나 많습니다.

왜 이런 일이 벌어질까요? 이게 누구의 탓일까요?

카밀로는 왜 배고픔에 지쳐 울다가 잠이 들어야 할까요?

이스마엘은 왜 살인 기계가 되고, 아자드는 왜 채찍을 맞으며 고된 일을 해야 할까요?

이 책은 바로 이런 물음을 던지는 데서 시작합니다.
이런 물음을 안고 이 책은 세상에 가득 찬 불평등과 가난의 현장을 찾아다니면서
그 답이 무엇인지를 알아보려 합니다.
그 여행길 곳곳에서 여러분은 다양한 사람과 그 사람들이 살아가는 세상을 만나게 될 것입니다.
어쩌면 그 만남이 좀 불편할지도 모르겠습니다.
하지만 그런 만남으로 세상이나 사람에 대한 생각이 더욱 깊어지고
새로운 것을 알게 될 것입니다.
불평등과 가난으로 세계 곳곳에서 어떤 일이 벌어지고 있는지,
불평등과 가난은 어떻게 생겨났고 왜 계속되는지,
그리고 이를 해결하려면 무엇을 해야 하는지를 말입니다.
자 그럼, 함께 여행을 떠나 볼까요?

부자의 쓰레기는 가난한 사람의 음식이다?

전쟁터로 변한 쓰레기장

"형!"

고리오는 동생 모이세스가 큰 소리로 자기를 부르자 쓰레기 더미를 뒤지던 손을 멈추고 고개를 듭니다. 쓰레기 더미 너머 저쪽에서 동생이 손을 흔들고 있습니다. 모이세스는 손가락으로 거대한 쓰레기장의 한구석을 가리키면서 다급하게 외칩니다.

"형! 저쪽이야. 빨리 뛰어."

그러면서 냅다 뛰어갑니다. 고리오도 덩달아 내달립니다.

쓰레기장 한쪽 구석엔 지금 막 트럭 한 대가 도착해서 차에 가득 싣고 온 쓰레기를 쏟아붓고 있습니다. 그런데 그쪽을 향해 뛰는 아이가 한둘이 아닙니다. 산처럼 높고 바다처럼 넓은 쓰레기장 여기저기에 흩어졌던 수많은 아이가 트럭이 쏟아놓은 새로운 쓰레기를 향해 전속력으로 달립니다.

먼저 도착한 아이부터 재빠른 손놀림으로 쓰레기 더미를 헤집고 뒤집습니다. 이 아이들이 찾는 건 음식물입니다. 온갖 잡동사니 물건이 아무렇게나 뒤섞여 있는 쓰레기 더미의 중간마다 음식 비슷하게 보이는 것이 간혹 눈에 띕니다. 그것을 서로 먼저 차지하려고 치열한 다툼을 벌입니다. 그러다 종종 싸움이 일어나기도 합니다.

거의 동시에 도착한 고리오와 모이세스도 서둘러 그 경쟁의 한복판으로 뛰어듭니다. 하지만 아무리 안간힘을 써 봐도 손에 들어오는 건 별로 없습니다. 다른 아이들보다 늦게 도착한 탓입니다.

열두 살 고리오와 여덟 살 모이세스 형제에게 이것은 매일 겪는 일입니다. 트럭이 들어와서 새로운 쓰레기를 쏟아놓을 때마다 이 쓰레기장에서는 한바탕 난리법석이 벌어집니다. 늘 배가 고픈 아이들이 먹을 것을 찾아 한꺼번에 달려들기 때문입니다. 하지만 제대로 된 먹을거리를 구하긴 어렵습니다. 손에 넣는 것이라곤 주로 밥 덩이, 고기 조각, 빵 조각, 반쯤 썩은 채소, 말라비틀어진 과일, 생선 대가리 같은 것뿐입니다. 하지만 굶어 죽지 않으려면 이런 거라도 먹을 수밖에 없습니다.

꿈과 희망을 빼앗긴 아이들

이 거대한 쓰레기장은 '스모키 마운틴(Smoky Mountain)'이라 불립니다. '연기가 나는 산'이라는 뜻이지요. 온갖 쓰레기가 산더미처럼 높이 쌓여 있고 쓰레기장 어딘가에서 늘 연기가 모락모락 피어나서 이런 이름이 붙었습니다. 스모키 마운틴은 아시아 필리핀의 수도인 마닐라의 변두리에 자리 잡고 있습니다.

고리오 형제는 스모키 마운틴 옆의 파야타스라는 빈민촌에 삽니다. 몸도 아프고 연세도 너무 높아 거의 누워서 지내는 할머니와 셋이서 살고 있지요. 엄마는 3년 전 암으로 돌아가셨고, 아빠는 돈을 벌려고 마닐라 시내로 떠났습니다. 하지만 엄마가 죽은 뒤부터 알코올중독자가 된 아빠는 집에 돈을 보낸 적도 없고 소식도 없습니다.

그래서 고리오는 굶어 죽지 않기 위해, 그리고 할머니와 어린

동생을 보살피기 위해 매일 쓰레기장에 나가 먹을 것을 구해 와야만 합니다. 허탕을 칠 때면 어쩔 수 없이 굶어야 합니다. 그래도 동생과 함께 다니는 덕분에 혼자인 아이보다는 먹을 것을 구하기가 조금은 더 쉬운 편입니다.

고리오 형제는 학교에 다니지 않습니다. 아니, 다닐 엄두조차 내기 어렵지요. 앞으로 커서 무엇을 할지도 그저 까마득할 뿐입니다. 아무런 꿈도 계획도 희망도 없습니다. 그저 하루하루를 버티고 견딜 뿐입니다. 먹을 것을 구하려고 비가 오나 바람이 부나 하루도 빠짐없이 집과 쓰레기장을 오갈 뿐입니다.

사람과 쓰레기를 구분할 수 없는 곳

고리오 형제가 사는 빈민촌은 쓰레기장 바로 옆에 있어서 늘 썩는 냄새가 진동합니다. 물도 더럽고, 쥐와 모기와 파리가 들끓습니다. 그래서 쥐가 몰려다니며 갓난아기의 얼굴을 물어뜯기도 합니다. 거기에다 비가 자주 내리고 습기가 많은 탓에 이곳 사람은 폐병이나 피부병에 잘 걸립니다. 이것저것 가리지 않고 아무렇게나 쓰레기를 태워 나오는 유독가스도 건강을 망가뜨립니다.

또 제대로 먹지 못해서 이곳 주민 대다수는 뼈만 앙상합니다. 썩은 음식이나 비위생적인 음식을 먹을 때가 잦아서 기생충 등으로 말미암은 질병에도 자주 걸리고요.

이곳 주민 대부분은 양철을 엉성하게 이어서 만든 허름한 판잣집에서 삽니다. 비가 오면 물이 샐 때가 많지요. 그런 집마저도 없어서 그냥 텐트에서 생활하는 사람도 많습니다.

이런 곳에 약 50만 명이나 되는 사람이 빼곡하게 모여 삽니다. 그중 4분의 3은 직업이 없는 실업자입니다. 그러다 보니 술과 마약에 찌든 사람이 많습니다. 그래서 폭력과 범죄가 기승을 부립니다. 간신히 찾아낸 음식물을 다른 사람한테 뺏기는 일도 자주 일어납니다. 그럴 때면 싸움이 벌어질 수밖에 없습니다. 그러다 더

러는 살인으로 이어지기도 합니다.

　남자, 여자, 어른, 아이 할 것 없이 모두 쓰레기 더미에서 찾아낸 음식 찌꺼기로 살아가는 곳. 아침이 되어 날이 밝으면 도시의 부자가 내다 버린 쓰레기 더미로 몰려가 맨손으로 쓰레기를 뒤지며 생활하는 곳. 배고픔에 시달리는 사람, 병들고 다친 사람, 미래에 대한 희망을 빼앗긴 사람 들이 살아가는 이곳은, 그래서 전쟁터와 별로 다르지 않습니다.

　쓰레기장을 뒤져 먹을거리를 구하는 사람은 이곳에만 있는 게 아닙니다. 세계에서 가장 큰 쓰레기장이자 빈민촌으로 알려진 곳은 아프리카 케냐의 수도 나이로비에 있는 '고로고초'라는 곳입니다. 무려 120만 명이 이곳에 살고 있다고 합니다.

아시아, 아프리카, 라틴아메리카의 대도시 주변에 특히 이런 곳이 많습니다. 이런 곳에서 살아가는 사람의 일상은 고리오 형제가 살아가는 모습과 비슷합니다. 사람이 쓰레기인지 쓰레기가 사람인지 분간조차 안 되는 곳. 우리가 살아가는 세상의 또 다른 모습입니다.

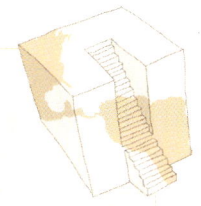

도시의 지하 터널이 집이라니……

세상 어린이 중에는 쓰레기장이 아니라 거리를 떠돌며 살아가는 아이도 많다. 심지어는 도시의 컴컴한 지하 터널에서 사는 아이들도 있다. 아시아 몽골의 수도 울란바토르에서 일어나는 일이다.

이 도시는 한겨울에 기온이 영하 30~40도까지 떨어질 정도로 매우 추워서 난방 문제 해결이 큰 과제였다. 그래서 석탄을 연료로 사용하는 거대한 공장에서 도시 전체에 전기와 난방을 공급하는 방식을 선택했다. 그 과정에서 도시 곳곳에 효율적으로 집단 난방을 제공하기 위해 도로 밑 지하에 수없이 많은 터널을 뚫었다. 이 터널을 통해 가정마다 설치되어 있는 난방시설로 끓는 물이 공급되는 것이다.

거리에서 사는 어린이의 지친 모습 _ 월드비전 제공

해마다 추워지는 9월 말이 되면 갈 곳 없는 가장 가난한 사람, 특히 버림받은 아이들이 추위를 피해 이 터널 속으로 기어 들어온다. 이들은 날씨가 따뜻해지는 5월 무렵이 되면 잠시 땅 위로 올라갔다가 9월이 되면 다시 땅속으로 숨어든다.

사람의 눈길과 손길이 거의 미치지 않는 이 지하 공간은 각종 배설물로 가득 차 있다. 쥐가 무리지어 터널 곳곳을 돌아다닌다. 고약한 악취가 진동한다. 공기가 잘 통할 리가 없으니 호흡을 하기 어려울 정도로 숨이 턱턱 막히기도 한다.

이런 곳을 찾는 아이 대부분은 극심한 가난이나 가정 폭력을 피해서 온 것이다. 가난에 시달리며 절망에 빠진 사람은 대체로 술을 많이 마신다. 술에 취한 어른은 아이를 툭 하면 때린다. 빚을 갚으려고 자식을 팔기도 하고, 힘든 일을 시키기도 한다. 이런 환경을 견디다 못한 아이가 집에서 도망쳐 나와 터널 속으로 몸을 숨기는 것이다.

이 아이들은 낮에 땅 위로 살며시 기어 나와 쓰레기통을 뒤져서 주린 배를 채운다. 그래서 터널 속 아이 대부분은 영양실조 상태다. 상처를 입거나 병에 걸리는 아이도 아주 많다. 경찰이 이런 아이를 찾아내 도움을 주기도 한다. 하지만 이런 일은 드물다. 지하 터널에서 살아가는 아이 대부분은 시름시름 앓다가 그냥 죽어갈 가능성이 높다.

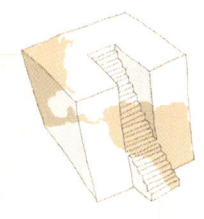

"아이를 빌려 줍니다."

지하 터널 아이들처럼 극단적이지는 않다고 해도, 버려져서 거리를 떠도는 아이는 길바닥이나 공터, 공원 벤치나 버려진 건물 같은 데서 잠을 잘 수밖에 없다. 그리고 먹을 것은 구걸하거나, 식당이나 부잣집 쓰레기통을 뒤지거나, 자잘한 물건을 파는 행상을 하면서 푼돈이나마 벌어 구할 수밖에 없다. 아시아, 아프리카, 라틴아메리카의 여러 도시에서는 이런 아이를 쉽게 찾아볼 수 있다. 라틴아메리카에만 이런 '거리의 아이'가 4000만 명이나 된다고 한다.

이들에게 가장 무서운 것은 계절이 바뀌는 것과 경찰이다. 늘 비가 오는 우기가 닥치면 잘 곳과 먹을 것을 구하기가 어렵다. 경찰은 이들을 보호해 줄 때도 가끔 있지만, 보통은 두렵기만 한 존재다. 걸핏하면 폭력을 행사하면서 내쫓고, 부패한 경찰은 이들에게서 돈을 뜯어 가기도 한다. 무엇보다 이 아이들은 술과 마약, 폭력, 에이즈 감염, 유괴와 납치 같은 위험에 늘 시달린다.

어떤 곳에서는 길거리에서 구걸을 더 손쉽게 하려고 갓난아기를 돈을 주고 빌리는 일마저 일어난다. 지나가는 사람한테서 몇 푼이라도 받으려면 최대한 동정심을 일으켜야 하고, 그러려면 불쌍하게 보일수록 유리하기 때문이다. 주로 아이가 없는 여성이 빌린 아이를 안고서 '굶주리고 불쌍한 모습'을 연출한다. 그러면 평소보다 더 많은 돈을 벌고, 그중 일부를 아이를 빌려준 어머니에게 대가로 낸다.

범죄 조직이 이것을 악용하기도 한다. 병원에서 갓 태어난 아기나 길거리 사람의 어린아이를 유괴하여 한 곳에 모아 두고, 걸인에게 돈을 받고서 그 아이를 빌려주는 것이다. 보통은 갓난아기부터 세 살 정도의 아이가 이런 목적으로 자주 유괴된다고 한다.

이러는 과정에서 가슴 아픈 일도 일어난다. 다음은 인도에서 전해지는 이야기다.

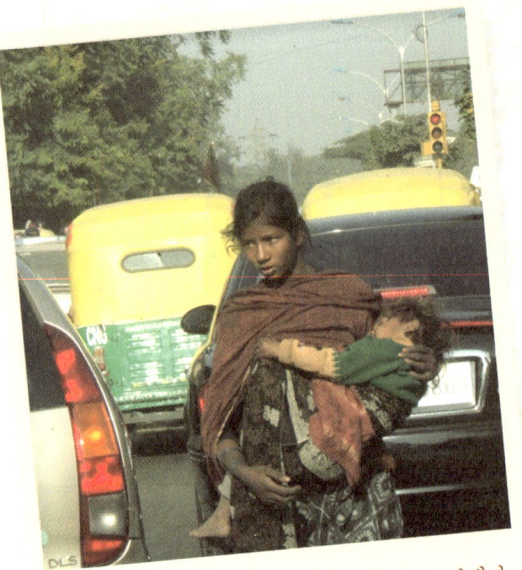
어른들을 대신해 가족의 부양을 책임지고 거리에서 구걸하는 스트리트 칠드런(인도) _ 굿피플 제공

대도시인 뭄바이의 어떤 마을에 스루타나라는 늙은 여자 걸인이 태어난 지 몇 달밖에 안 된 여자 갓난아이를 빌려서 구걸하며 살고 있었다. 그런데 오랫동안 함께 생활하다 보니 스루타나는 점차 아이를 사랑하게 됐다. 본래 스루타나는 아이를 낳지 못한다는 이유로 남편한테 두들겨 맞고 버림받아 거리 생활을 하게 된 사람이었다. 그 때문인지 빌려 온 아이를 자기 자식처럼 소중하게 여기게 된 것이다.

그렇게 6년이 지나 갓난아이는 소녀가 됐다. 그러자 이 아이를 빌려준 범죄 조직의 폭력배가 찾아와 스루타나에게 아이를 돌려 달라고 했다. 이제 아이가 컸으니 다른 데로 팔아넘겨 더 큰돈을 받으려는 속셈이었다.

하지만 스루타나는 소녀를 친자식과 다름없이 사랑했기에 헤어질 수가 없었다. 그 소녀 또한 스루타나를 친엄마처럼 사랑하고 따랐기에 가고 싶지 않아 울었다. 결국 두 사람은 도망가기로 했다. 하지만 그들이 갈 곳은 많지 않았다. 범죄 조직은 그들이 갈 만한 곳을 환히 알고 있었다.

결국 그들은 도망간 지 며칠 만에 폭력배들에게 붙잡히고 말았다. 폭력배들은 스루타나는 죽여 버리고, 소녀는 돈을 받고 사창가로 팔아넘겼다. 소녀는 슬픔과 충격을 견딜 수 없었다. 결국 팔려간 지 사흘 만에 소녀는 스스로 목숨을 끊고 말았다.

노예는 사라지지 않았다

새벽의 비명

"이 게으름뱅이, 빨리빨리 일어나지 못해? 왜 이렇게 꾸물거려!"

감시하는 사람의 사나운 호통이 아직 일어나지 못하고 있는 아이들을 깨웁니다. 하지만 깊은 잠에 곯아떨어진 아난은 도무지 눈이 떠지지 않습니다. 너무 힘들고 피곤하니까요. 어제도 저녁밥을 제대로 먹지 못한 채 밤늦게까지 일했거든요. 더구나 지금은 아직 날도 밝지 않은 새벽 5시입니다.

하지만 조금만 더 미적거리면 곧장 채찍질이 날아올 것입니다. 아닌 게 아니라 저쪽 조금 떨어진 곳에서 꾸물거리다 채찍에 맞은 어느 아이의 비명이 터져 나옵니다. 아무리 힘들어도 매질을 당하지 않으려면 일어날 수밖에 없습니다.

아난은 아프리카 서부의 코트디부아르라는 나라의 카카오 농장에서 일하는 여덟 살 먹은 아이입니다. 하지만 아난이 태어나 자란 곳은 이곳이 아닙니다. 아난의 고향은 여기서 멀지 않은 가봉이라는 나라입니다.

아난이 코트디부아르에 온 것은 작년입니다. 아난의 집안은 찢어지게 가난했습니다. 아난의 부모님은 아난이 점점 성장하면서 깊은 고민에 빠졌습니다. 가난한 탓에 학교 교육을 할 수 없는 건 물론이고 같이 데리고 살자니 늘 먹을 게 부족했습니다.

그때 어떤 사람이 접근해서 아난을 코트디부아르의 농장에 보내면 거기서 일을 배우면서 돈도 벌 수 있다고 제안해 왔습니다. 순박한 아난의 부모님은 그 말을 믿었습니다. 아주 그럴싸한 유혹이었으니까요. 하지만 바로 거기서부터 아난의 불행은 시작됐습니다.

지옥으로 가는 노예선

아난은 가봉의 어느 항구도시에서 조그만 배를 타고 코트디부아르를 향해 출발했습니다. 비좁고 낡은 배에 무려 50명 가까이나 되는 아이가 빼곡하게 타고 있었습니다.

아난은 덜컥 겁부터 났습니다. 이런 작은 배에 이렇게 많은 사람이 타고서 먼바다를 일주일이나 항해하는 게 과연 가능할지, 좀체 믿기지 않았습니다. 하지만 이미 때는 늦었습니다. 거친 파도가 쉴 새 없이 몰아치는 막막한 바다 한복판에서 일곱 살짜리 아이가 할 수 있는 일은 아무것도 없었습니다.

아이들을 싣고 가는 험상궂은 아저씨들은 먹을 것도 제대로 주지 않았습니다. 마실 물도 이틀이 지나자 동나고 말았습니다. 결국 굶주림과 갈증, 그리고 사정없이 내리쬐는 뙤약볕을 견디다 못해 쓰러지고 기절하는 아이들이

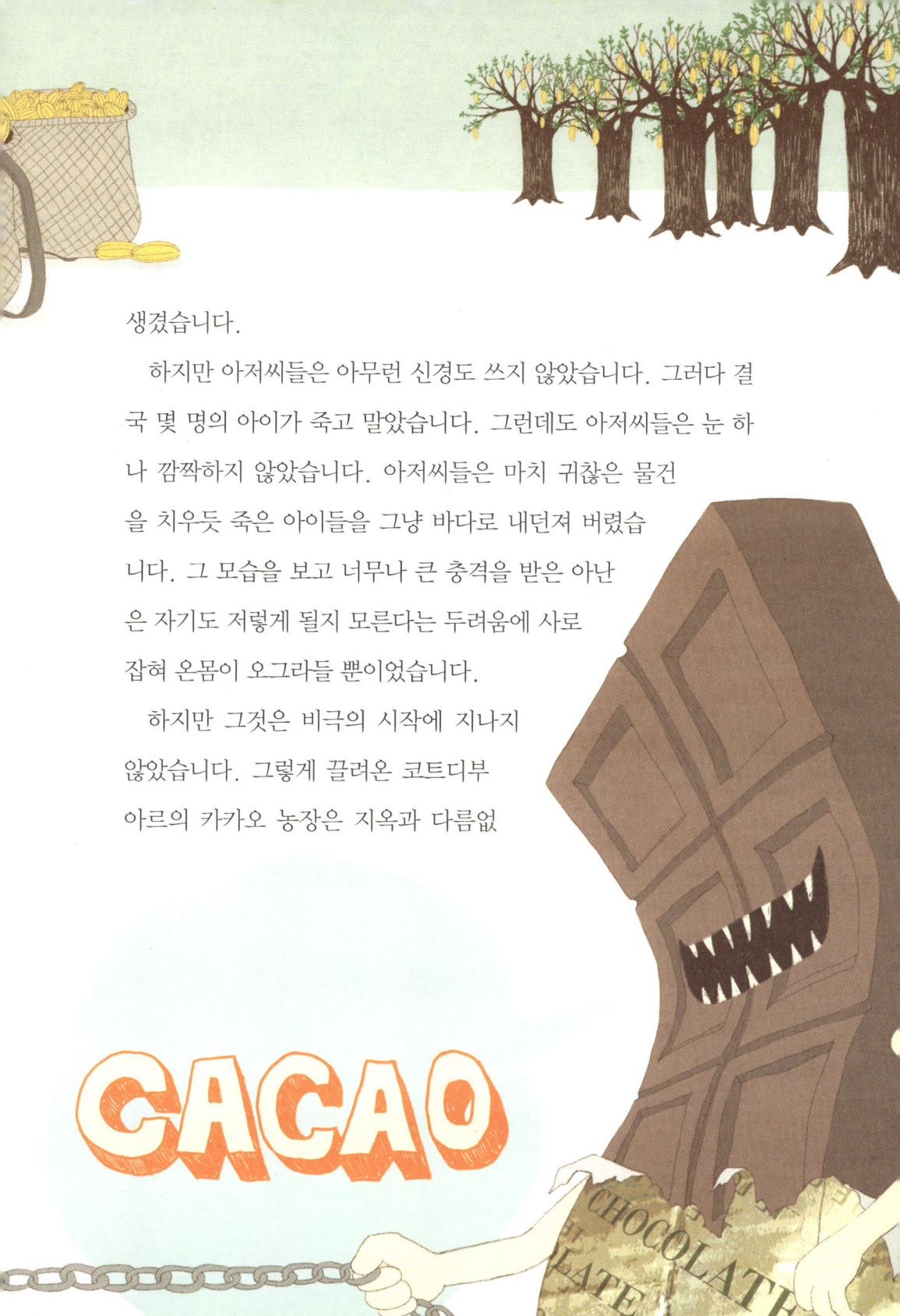

생겼습니다.

　하지만 아저씨들은 아무런 신경도 쓰지 않았습니다. 그러다 결국 몇 명의 아이가 죽고 말았습니다. 그런데도 아저씨들은 눈 하나 깜짝하지 않았습니다. 아저씨들은 마치 귀찮은 물건을 치우듯 죽은 아이들을 그냥 바다로 내던져 버렸습니다. 그 모습을 보고 너무나 큰 충격을 받은 아난은 자기도 저렇게 될지 모른다는 두려움에 사로잡혀 온몸이 오그라들 뿐이었습니다.

　하지만 그것은 비극의 시작에 지나지 않았습니다. 그렇게 끌려온 코트디부아르의 카카오 농장은 지옥과 다름없습니다. 그리고 아난은 이곳에서 노예입니다. 매일 새벽 5시면 일어나 카카오 열매를 따는 고된 일을 밤늦게까지 해야 합니다. 하루에 정해진 양의 열매를 따지 못하면 어김없이 채찍질을 당해야 하고, 그런 날은 밥도 주지 않습니다.

보통 10미터가 넘는 카카오나무에 기어 올라가서 열매를 따는 건 무척 힘들고 위험한 일입니다. 아이가 동원되는 이유는 어른보다 몸이 가볍고 조그마한 아이가 이런 일을 하기에 더 적당하기 때문입니다. 더구나 어린이에겐 아예 돈을 주지 않거나 아주 적은 돈만 줘도 대들지 못하니까요.

힘든 노동과 매질, 배고픔을 견디다 못해 도망치는 아이도 있습니다. 하지만 어린아이가 낯선 곳에서 도망에 성공하기는 몹시 어렵습니다. 보통은 숲을 헤매다 다시 잡혀 오고 맙니다. 그렇게 잡혀 온 아이는 본보기로 아이들이 보는 앞에서 평소보다 더욱 가혹한 매질을 당합니다. 그러고선 뙤약볕이 내리쬐는 가운데 온종일 밥과 물도 주지 않고 나무에 매달아 놓습니다. 그런 벌을 받다가 죽는 아이도 있습니다. 그러니 어리고 순진한 아난은 도망칠 엄두도 내지 못합니다. 그저 시키는 대로 복종할 수밖에 없습니다.

아이들의 피와 땀으로 만드는 초콜릿

코트디부아르는 아프리카 대륙의 서쪽에 있는 나라입니다. 대서양을 끼고 있지요. 코트디부아르라는 나라 이름은 프랑스어로 '상아 해안'이란 뜻입니다. 옛날 식민지 시절 유럽 사람이 이곳 해안에서 상아(코끼리의 기다란 송곳니)를 마구잡이로 실어가서 붙은 이름입니다.

지금 이 나라 항구엔 상아 대신 카카오가 가득 쌓여 있습니다.

코트디부아르는 초콜릿 원료인 카카오를 세계에서 가장 많이 생산하는 나라입니다. 전 세계 카카오의 40퍼센트가 이 나라에서 나오지요. 수많은 사람이 즐겨 먹는 이 초콜릿에 아난과 같은 아프리카 아이의 피와 땀이 얼룩져 있습니다. 초콜릿은 곧 어린이 노예 노동의 산물인 거지요. 무려 25만 명이 넘는 아이가 카카오 농장에서 일하고 있습니다.

아난이 탔던 배는 다름 아닌 현대판 노예선이었습니다. 지옥으로 가는 배라고 할 수 있지요. 아프리카 서부의 여러 나라에서 인신 매매꾼에게 팔려온 아이가 카카오 농장으로 강제로 보내집니다. 인신매매꾼은 달콤한 거짓말로 부모를 속여 아이를 데려옵니다. 그렇게 부모가 아이를 넘긴 대가로 받는 돈은 1만 5000원에 불과하다고 합니다.

이곳에서는 옛날에도 노예무역이 아주 많이 이루어졌습니다. 이 지역을 침략해 식민지로 만든 프랑스 사람은 아프리카 각지에서 사람을 잡아와 이곳 상아 해안에 모아 놓고, 멀리 아메리카 대륙 등지에서 온 노예 상인들에게 이들을 팔아넘겼습니다. 그렇게 끌려간 수많은 아프리카 흑인 노예는 짐승 취급을 받으며 모진 학대와 가혹한 노동에 시달려야만 했습니다.

그런데 이미 사라진 줄 알았던 노예가 코트디부아르의 카카오 농장에 지금도 버젓이 존재하는 것입니다. 농장에서 아이는 나무를 타고 올라가 손도끼로 열매를 쪼개고, 물을 길어다 농약을 칩니다. 철저한 감시 속에서 하루 두 끼만 먹고 열 몇 시간씩 죽으라고 일만 해야 합니다. 교육 같은 건 받을 생각도 못합니다. 이 아이들의 미래는 도대체 어디서 찾아야 할까요?

코트디부아르에서 사온 카카오 열매로 초콜릿을 만들어 파는 건 유럽과 미국 등 서구 선진국의 거대 기업입니다. 이들은 초콜릿 장사로 엄청난 돈을 법니다. 그러면서도 그 돈이 어린이 노예 노동에서 나온다는 건 인정하지 않습니다. 그래서 아무런 책임도 지지 않으려고 합니다.

그들은 아이들을 노예처럼 부려 먹은 덕분에 더욱 싼 값에 초콜릿을 만들어 팔 수 있으니, 이런 뻔뻔스러운 태도를 보이는 것입니다. 자신의 이익을 위해서라면 노예 노동으로 아이들이 죽어나가든 말든 상관없다는 거지요. 하지만 어린이 노예 노동은 결코 허용되어선 안 되는 범죄행위입니다. 이제 초콜릿을 먹을 때 아난과 같이 노예 노동으로 고통받는 아프리카 친구들을 한번 떠올려 보는 건 어떨까요?

온 세계에 퍼져 있는 어린이 노동

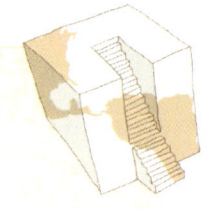

'어린이 노동'이란 무엇인가?

일반적으로 어린이의 건강이나 신체적·정신적 발달을 해치고, 교육을 받지 못하게 방해하며, 미래의 성장과 발전을 가로막는 일을 하면 어린이 노동이라 한다. 나이 기준으로는 보통 18세 이하를 가리킨다.

전 세계에서 일하는 어린이는 2억 명이 훨씬 넘는다. 이들 대부분은 아프리카와 아시아, 라틴아메리카 등지에 집중돼 있다. 유럽과 미국 같은 이른바 선진국에도 많지는 않지만 어린이 노동자가 존재한다. 이 아이들은 갖가지 일에 혹사당하면서 대부분 고된 노동, 매질과 체벌, 성폭력, 강제 감금 등에 시달린다.

어린이 노동이 생기는 가장 큰 원인은 가난이다. 교육 기회가 없는 것도 하나의 원인이다. 일을 하느라 학교에 못 가기도 하지만, 학교가 없어서 일할 수밖에 없는 상황도 있다. 부모가 학교 교육의 필요성을 모르는 사례도 있다. 공부는 당장 생활에 도움이 되지 않으니 일하면서 가정경제를 돕는 게 더 낫다는 것이다.

어린이 노동에 시달리는 아이는 건강과 신체 발달에 심각한 문제가 생긴다. 고된 노동과 반복되는 폭력은 몸을 망가뜨릴 뿐만 아니라 수명을 단축한다. 마음과 정신이 망가지는 것은 더 큰 문제다. 어릴 때부터 폭력과 학대에 길들기 때문에 나중에 성격이 나빠져 사회에 잘 적응하지 못하는 일이 자주 있다.

이런 어린이 노동을 없애려고 많은 사람과 단체가 노력하고 있다. 그렇게 해서 성과를 거둔 예도 있다. 세계적인 스포츠 용품업체인 나이키가 대표적 사례다. 나이키는 한때 베트남, 인도네시아 등지에 있는 공장에서 어린이 노동을 시키는 기업으로 악명이 높았다. 이에 대한 비난이 국제적으로 높아지면서 나이키 제품을 사지 말자는 불매 운동과 시위가 퍼져 나갔다. 그 결과 1998년에 아시아 등지의 나이키 공장에서 고용할 수 있는 노동자의 나이 기준이 새롭게 정해졌다. 옷 만드는 일은 16세 이상, 신발 만드는 일은 18세가 넘은 사람만 할 수 있도록 한 것이다.

축구공을 꿰매는 어린이 노동도 거의 사라졌다. 세계 축구공의 60퍼센트는 아시아 파키스탄에서 생산된다. 1997년만 해도 거기서 7,000명의 아이가 축구공을 꿰매는 일을 했다. 하지만 비난 여론이 거세지고, 어린이 노동을 없애라는 국제적 압력도 갈수록 높아졌다. 1998년 프랑스 월드컵 대회 때는 국제축구연맹(FIFA)이 아이가 만든 축구공은 사용하지 않겠다고 공식 선언하기도 했다. 그리하여 결국 1999년에 축구공을 만드는 노동자가 모두 어른으로 바뀌었다. 대신에 아이들은 학교에 다니게 됐다.

그러나 이런 성공적인 사례는 매우 드물다. 아직도 세계 곳곳에는 노동으로 고통받는 아이의 신음이 가득하다. 다음 장에서 만날 네팔의 아이들도 마찬가지다.

돌 깨는 아이들

어린 남매가 강변에서 돌을 깨는 이유

탁! 탁! 타닥! 탁!

아직 깜깜하기만 한 새벽 4시. 강변에서는 벌써 돌 깨는 소리가 울려 퍼집니다. 모두 곤히 잠든 시간에, 희미한 달빛만이 비치는 어둠 속에서 누군가가 쪼그리고 앉아 돌을 깨고 있습니다.

여기는 '세계의 지붕'이라 불리는 히말라야 산맥이 웅장하게 펼쳐진 네팔이라는 나라의 외딴 시골 마을입니다. 이 마을 옆으로는 작은 강이 흐르고 있습니다. 그 강변에서 지금 새벽부터 돌을 깨고 있는 사람은 열세 살 소녀 찬드라입니다.

　아직 어린 찬드라의 손은 자그마하고 여립니다. 그런 손으로 자신의 주먹보다 훨씬 더 큰 돌멩이를 앞에 놓고 연신 망치를 두드립니다. 장갑도 끼지 않은 맨손입니다. 계속 두드리다 보면 큰 돌멩이도 어느새 잘게 부서집니다. 부서진 돌조각을 차곡차곡 모아서 커다란 자루에 담습니다. 그래야 돈을 받고 팔 수 있으니까요. 돌멩이는 쇠스랑 같은 기구로 강바닥을 긁어서 모읍니다.

　찬드라는 다섯 살 터울인 남동생 라이와 둘이서 돌을 깨며 이 강변 마을에서 살고 있습니다. 집은 근처에서 주워온 허름한 천막을 얼기설기 엮어서 만들었습니다. 이웃 사람도 모두 그런 집에서 살고 있습니다.

　엄마 아빠는 어디 갔느냐고요? 찬드라의 부모는 이곳에서 제법 멀리 떨어진 고향의 산속에서 살고 있습니다. 본래 가족이 모두 이 강변 마을로 이사 온 것은 5년 전입니다. 고향의 산골에서는 굶주림을 면할 수 없었기에 어떻게든 먹고살려고 이 강변으로 온 것이지요.

　하지만 아빠가 2년 전에 돈을 벌려고 이웃 나라인 인도로 떠났다가 일하는 도중에 사고를 당하고 말았습니다. 큰 도시의 건축 공사장에서 일했는데, 그만 짓고 있던 건물의 3층에서 발을 헛디

녀 떨어진 것입니다. 몸을 제대로 쓰지 못하게 된 아빠는 네팔로 귀국한 뒤에 고향으로 돌아갔습니다. 몸이 온전하지 못한 아빠를 돌봐 드려야 하니 엄마도 아빠를 따라갈 수밖에 없었습니다.

찬드라 남매도 당연히 엄마, 아빠를 따라가고 싶었습니다. 하지만 산골 고향에서는 식구 넷이서 도무지 생계를 유지할 수가 없습니다. 그래서 할 수 없이 이 강변에 둘만 남아 돌을 깨는 일을 하게 된 것입니다.

오늘 저녁엔 달걀돌 맛볼 수 있을까?

찬드라는 요즘 다른 때보다 더 열심히 일합니다. 끊임없이 비가 내리는 우기가 닥치기 전에 최대한 돌을 많이 깨서 돈을 벌어 두어야 하니까요. 비가 오지 않는 건기에는 강물이 말라 강바닥이 드러나서 돌멩이도 많이 구할 수 있고, 모래도 모을 수 있습니다. 하지만 우기가 되어 강물이 불어나면 그저 강가에 흩어져 있는 얼마 안 되는 돌밖에 구할 수 없습니다.

오늘 찬드라가 새벽 4시부터 일하러 나온 것도 우기가 바로 코앞에 닥쳐서입니다. 네팔에서 우기는 보통 5~9월인데 지금은

3월 말입니다. 돌 깨는 일을 서둘러야 합니다. 어린 동생 라이도 열심히 누나를 돕습니다. 아직은 많이 서툴러서 일하다 손을 다치는 일도 가끔 있습니다. 하지만 고생하며 자기를 보살펴주는 누나를 생각하면서 그 조그마한 손으로 쉴 새 없이 돌을 깹니다.

오늘처럼 새벽부터 부지런히 일하면 50킬로그램짜리 자루 네 개 정도를 채울 돌을 깰 수 있습니다. 50킬로그램짜리가 네 개라면 무려 200킬로그램입니다. 어른도 아니고 남자도 아닌 어린 소녀가 하루 만에 이 정도 양의 돌을 깬다는 건 상상하기 어렵습니다. 하지만 찬드라는 오랫동안 이 일을 해서 거의 전문가 수준에 이르렀습니다. 능숙한 손놀림으로 망치를 휘두르다 보면 돌조각이 금방 수북하게 쌓입니다.

돌조각 한 자루는 보통 300원 정도에 팔립니다. 주로 근처에서 도로를 건설하거나 집을 짓는 공사업자가 사 갑니다. 오늘은 모래도 팔았습니다. 찬드라 혼자서 지난 열흘 동안 돌을 깨는 틈틈이 쉬지 않고 모은 모래입니다. 모래는 중요한 건축 재료라서 돈벌이가 됩니다. 찬드라가 고생한 덕분인지 모랫값으로 3,500원을 받았습니다.

그 돈을 받아 쥔 찬드라의 얼굴에 오랜만에 미소가 번집니다. 이 돈이면 당분간은 굶지 않겠다는 생각에 조금은 마음의 여유가

학교에 갈 나이에 위험한 공장에서 일하는 어린이
(방글라데시) _ 굿네이버스 제공

채석장에서 공사장에 쓸 돌을 모으는 아이들
_ 월드비전 제공

생긴 것입니다. 그런 누나 마음을 아는지 모르는지, 동생 라이의 지친 얼굴에도 덩달아 웃음이 퍼지고 있습니다. 아, 오늘은 평소 꿈에서도 먹고 싶었던 달걀을 맛볼 수 있을까요?

더 불행한 미래가 닥치고 있다

지금 네팔에는 어린이 노동이 널리 퍼져 있습니다. 네팔 어린

이 3명 중 1명이 찬드라 남매처럼 노동자로 일하고 있습니다. 그래서 네팔의 강이나 하천 주변에서는 돌 깨는 아이를 쉽게 찾아볼 수 있습니다. 돌 깨는 일은 별다른 기술이 없어도 손쉽게 할 수 있는 일이지요.

하지만 오랫동안 돌 깨는 일을 하면 돌가루와 흙먼지 탓에 폐병이나 눈병에 걸리기 쉽습니다. 또 찬드라 남매가 그렇듯이 대부분 강 주변에 천막이나 대나무 등으로 대충 만든 허술한 집에서 사는 탓에 환경이나 위생이 매우 나쁩니다. 먹는 물이 부족해서 오염된

물을 그대로 마시는 일도 흔합니다. 그래서 설사, 피부병, 간염과 같은 각종 질병에 자주 걸릴 수밖에 없습니다. 학교도 다니기 어렵습니다. 아이가 다니고 싶어 해도 부모가 보내지 않기도 합니다. 집안 형편이 너무 어려운 탓에 공부보다 일해서 돈을 버는 게 더 시급하기 때문입니다.

그런데 찬드라가 사는 마을에 어두운 그림자가 드리우고 있습니다. 돌조각과 모래를 사 가는 회사들이 돌 깨는 기계를 들여온 것입니다. 기계로 돌을 깨면 일의 속도도 훨씬 빨라질 뿐 아니라 일정한 크기로 깰 수 있습니다. 그래서 기계로 깬 돌은 사람이 깬 것보다 상품 값어치가 훨씬 높아지지요. 하지만 그렇게 되면 마을 사람은 큰 타격을 받게 됩니다. 기계가 사람을 대신하는 탓에 돌 깨는 일거리가 줄어들 테니까요. 또 설사 돌을 깨서 팔더라도 이전보다 받는 돈이 적어질 수밖에 없으니까요.

안 그래도 어려운 찬드라 남매의 생활이 더욱더 고달파질 가능성이 높아졌습니다. 이들 앞에는 어떤 미래가 기다리고 있을까요? 이들은 대체 어찌해야 할까요?

히말라야의 짐꾼과 '착한 여행'

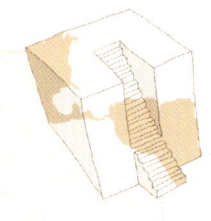

히말라야 산맥을 끼고 있는 네팔에는 외국 등산객의 짐꾼으로 일하는 사람도 많다. 히말라야 산악지대는 아주 높은 산이 즐비하고 신비스러운 매력을 뿜어내는 곳으로 유명하다. 그래서 전 세계에서 많은 사람이 몰려든다. 이들은 보통 등산을 편안하게 하려고 네팔 현지 사람을 짐꾼으로 고용한다. 그리고 이들 짐꾼 중에는 십 대 청소년도 종종 끼어 있다.

이들이 하는 일은 무척 고되다. 높고 가파른 산을 자기 몸무게보다 더 무거운 짐을 짊어지고 올라가야 할 때도 잦다. 몸만 힘든 게 아니다. 마음이 더 괴롭다. 극심한 차별 대우를 받기 때문이다.

싼값에 짐을 맡긴 외국인 여행자는 편안한 숙소에서 따뜻한 물로 샤워한다. 맛있는 음식을 먹으며 휴식을 취한다. 웃고 떠들고 술을 마시며 놀기도 한다. 하지만 짐꾼에게는 잠잘 곳도 밥도 제공하지 않는다. 그래서 네팔의 어린 짐꾼은 한 푼이라도 아끼려고 하루 식사는 두 번만 한다. 심지어는 식당 바닥이나 동굴 같은 데서 잠을 자기도 한다. 일하다 다치거나 고산병으로 쓰러져도 치료, 휴식, 보상 같은 것은 꿈도 꿀 수 없다. 일을 제대로 못 했으니 일당을 줄 수 없다는 통보가 날아들기 일쑤다.

모욕을 당하면서도 짐꾼이 일을 그만둘 수 없는 건 가난 때문이다. 이렇게라도 악착같이 돈을 벌지 않으면 식구들이 먹고살 수가 없으니, 아무리 몸이 힘들고 부당한 대접을 받아도 꾹 참을 수밖에 없다.

이런 이야기는 요즘 많은 사람이 즐기는 외국 여행을 새삼 되돌아보게 한다. 세계의 유명 관광지나 휴양지에는 리조트, 호텔, 놀이시설 같은 것이 빼곡하게 들어차 있다. 하지만 그런 곳 대부분은 관광지로 개발되기 전에는 그 지역 주민의 집이 있거나, 먹을 것과 땔감을 구하거나, 물고기를 잡거나, 농사를 지으며 살던 곳이다.

그런 곳이 갑자기 관광지로 개발되면 지역 주민은 살던 집이나 숲에서 쫓겨나고, 물고기 잡는 걸 금지당하고, 농사도 짓지 못하게 되는 일이 허다하다. 그리고 선 리조트나 호텔의 불안정한 싸구려 일꾼으로 고용되기 일쑤다. 관광객이 여행지에서 쓰는 돈이 현지 사람에게 돌아가는 일도 드물다. 그 돈은 대부분 호텔, 항공사와 여행사, 식당 등을 통해 외부로 빠져나간다. 또한 소비와 놀이 중심의 관광은 종종 자연환경을 망치

마실 물을 얻기 위해 매일 3시간씩 걸어가 물을 길어오는 아이(케냐) _ 굿피플 제공

고 에너지와 자원을 지나치게 낭비하기도 한다.

그래서 이제는 여행을 가더라도 이런 생각을 한 번쯤은 진지하게 해볼 필요가 있다. 우리가 묵는 리조트나 호텔이 혹시 누군가의 마을을 밀어내고 들어선 것은 아닌지, 우리가 물놀이를 즐기는 물이 혹시 누군가의 마실 물은 아닌지, 우리가 놀고 쉬는 바닷가가 혹시 이전엔 그 지역 주민이 물고기를 잡으며 생활하던 곳은 아닌지, 우리의 여행이 혹시 누군가의 삶을 괴롭히거나 누군가의 것을 빼앗고 파괴하면서 이루어지는 것은 아닌지 등을 말이다.

이런 생각을 바탕으로 요즘 널리 퍼지고 있는 것이 이른바 '공정 여행'이다. '착한 여행'이라고도 한다. 이것은 관광객이 여행지에서 쓰는 돈이 그 지역 사람에게 정당하게 돌아가는 여행, 자연을 보호하고 사라져가는 동식물을 살리는 여행을 말한다.

또 놀고 마시고 소비만 하는 게 아니라 여행하는 지역의 문화와 지역 주민의 삶을 배우고 체험하는 여행, 봉사 활동과 같은 뜻깊은 일을 경험할 수 있는 여행을 뜻한다.

낙타 경주의 기수로 일하는 아이들

여기는 중동 지역에 있는 아랍에미리트의 두바이.

두바이 중심부 바깥쪽의 널따란 공터에 마련된 어느 경기장에서 한창 낙타 경주를 합니다. 열두 마리의 낙타가 연신 뜨거운 콧김을 내뿜으며 뿌옇게 흙먼지를 일으키면서 힘차게 내달립니다. 사람으로 가득 찬 관중석에선 '와! 와!' 하는 함성이 끊이지 않습니다.

어? 그런데 이상한 게 있습니다. 달리는 낙타마다 등에 어린아이가 한 명씩 타고 있습니다.

　우리나라에서도 말이 달리기 경주를 벌이는 경마 대회를 텔레비전으로 보면 모든 말마다 기수가 타고 있습니다. 기수는 말을 능숙하게 몰고 잘 조절해서 말이 최대한 빨리 달리게 하는 일을 합니다. 그런 기수가 여기 두바이의 낙타 경주에도 있는 겁니다.

　그런데 낙타의 기수인 아이들을 보니 나이가 겨우 대여섯 살에서 많아 봐야 열넷, 열다섯 살밖에 되지 않습니다. 그중에는 제법 안정된 자세로 낙타를 모는 아이도 더러 있습니다. 하지만 불안하고 서툰 자세로 낙타 등에서 떨어지지 않으려고 안간힘을 쓰는 아이가 더 많습니다. 그렇게 작은 몸으로 버둥대는 모습이 무척 안쓰럽고 위험해 보입니다.

　그러거나 말거나 경주가 막바지에 이르자 경기장의 함성은 더욱 높아만 갑니다. 이제 마지막 한 바퀴만 남았습니다. 앞서거니 뒤서거니 하면서 선두 그룹을 형성한 서너 마리의 낙타가 곡선의 코너 구간을 돕니다. 낙타들은 마지막 스퍼트를 하느라 더욱 거칠게 속도를 높입니다.

　아뿔싸, 바로 그때입니다. 맨 앞으로 맹렬하게 치고 나가는 낙타에 탄 아이의 몸이 순간적으로 기우뚱하는 것 같더니 그만 낙타 등에서 떨어지고 맙니다. 으악! 하는 외마디 비명과 함께 아이는 땅바닥에 처박힙니다. 아이의 자그만 몸뚱이를 뒤이어 달려오던 낙타들이 마구 짓밟으며 휙휙 지나갑니다. 그야말로 눈 깜짝할 사이에 일어난 일입니다.

낙타의 억센 발길질에 이리 밟히고 저리 채인 아이는 아무런 움직임도 없이 나동그라져 있습니다. 크게 다쳤을 것 같습니다. 아니, 저러다 혹시 죽지는 않을까요?

그사이에 경주는 끝났습니다. 함성도 잦아들고 그 많던 사람도 썰물처럼 경기장을 빠져나가고 있습니다. 그 와중에 아직도 쓰러져 있는 아이에게 관심을 보이는 사람은 아무도 없습니다. 마치 아무런 일도 일어나지 않은 것처럼 말입니다.

도대체 두바이의 낙타 경주장에서는 무슨 일이 벌어진 걸까요? 이제 저 아이는 어떻게 되는 걸까요?

거짓말에 속아 넘어간 부모

아이의 이름은 엘샤드입니다. 방글라데시에서 태어난 여섯 살 소년이죠. 방글라데시라면 두바이에서 아주 멀리 떨어진 곳입니다. 엘샤드는 왜 어린 나이에 집을 떠나 그 머나먼 나라로 갔을까요?

　방글라데시에서 엘샤드의 집안은 무척 가난했습니다. 아빠는 큰 병에 걸려 누워 있고, 엄마는 집 근처 시장에서 자그마한 일거리를 구했지만, 그것만으로는 살림을 꾸려갈 수가 없었거든요. 그때 아빠 친구의 친구라는 어느 아저씨가 접근해 엘샤드를 외국으로 보내는 게 어떻겠느냐는 제안을 해왔습니다. 두바이 같은 부자 나라에 가면 조금만 일하고도 돈을 벌 수 있고 좋은 교육도 받을 수 있다는 귀가 솔깃한 제안이었습니다.

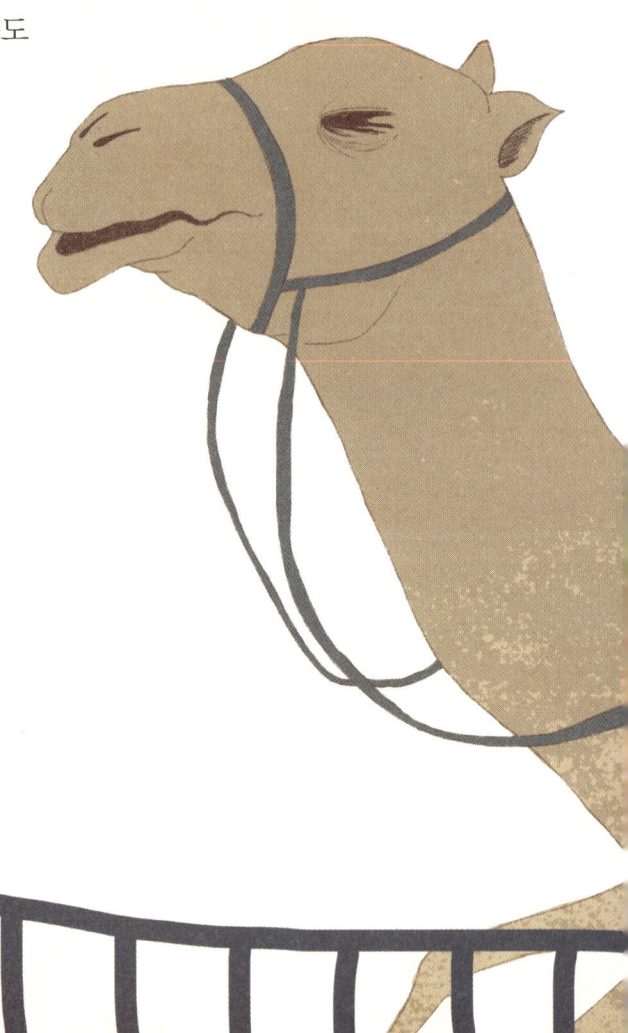

아빠는 처음엔 반대했습니다. 엘샤드가 아직 너무 어려서 부모 품에서 떠나는 건 무리라고 생각했던 거지요. 하지만 오랜 고민

끝에 결국은 제안을 받아들이고 말았습니다. 엘샤드를 데리고 있다 해도 제대로 키우기 어려운 형편이니, 고생은 좀 하겠지만 외국에 나가서 공부도 하고 일도 배우는 게 엘샤드에게 더 큰 도움이 되겠다고 결론을 내린 겁니다.

그러나 막상 엘샤드가 두바이에 와서 맞닥뜨린 현실은 완전히 딴판이었습니다. 두바이에 도착하자마자 무섭게 생긴 아저씨들이 엘샤드를 무슨 창고 같은 곳으로 끌고 갔습니다. 거기엔 이미 5, 6명의 아이가 잡혀 와 있었습니다. 그런데 마침 엘샤드가 창고에 막 끌려 들어갈 때 구석에 있던 아이가 울어 댔습니다. 그러자 엘샤드를 끌고 온 아저씨가 득달같이 달려가더니 입 다물고 조용히 있으라고 고함을 지르면서 그 아이를 마구 두들겨 팼습니다. 두려움에 질린 엘샤드는 숨이 멎는 것 같았습니다.

엘샤드의 아빠는 나쁜 사람의 달콤한 거짓말에 속아 넘어간 겁니다. 지금 엘샤드는 두바이로 팔려온 것입니다. 지금부터 엘샤드는 꼼짝없이 낙타 기수 노릇을 하기 위해 온갖 힘든 훈련을 강제로 받아야 합니다. 꼭두새벽부터 훈련장에서 매질을 당해 가며 무섭고 사나운 낙타를 타야 합니다.

노예와 다름없는 생활

그럼, 왜 어린아이가 낙타 기수로 잡혀 오는 걸까요?

낙타 주인은 보통 경주를 시작하기 직전에 아이를 낙타 등에 밧줄 같은 것으로 동여맵니다. 그래야 쉽사리 떨어지지 않으니까요. 그런 다음 채찍으로 낙타를 세게 후려칩니다. 그 충격과 아픔으로 낙타는 미친 듯이 달립니다. 경주용 낙타는 시속 60킬로미터가 넘는 정도까지 속도를 낼 수 있다고 하니까 아주 빨리 달리는 편입니다.

 채찍을 맞은 낙타가 빠른 속도로 달리면 등에 탄 아이는 겁에 질려 비명을 지르기 마련입니다. 낙타는 그 비명에 자극을 받아 더욱 빨리 달립니다. 가장 알맞은 낙타 기수의 몸무게는 20킬로그램 정도이고, 무거워도 40킬로그램 이상은 곤란하다고 합니다. 아이가 어리고 가벼울수록, 그리고 비명이 클수록 낙타가 더 빨리 달리기 때문이지요.

 바로 이 때문에 엘샤드 같은 대여섯 살짜리 아이가 잡혀 오는 것입니다. 보통은 4세에서 15세 정도의 남자아이들이 팔려 오거나 유괴되어 끌려옵니다.

 낙타 기수가 되는 훈련은 생지옥이나 다름없습니다. 낙타 등에 타는 게 무서워서 머뭇거리거나, 올라타서도 낙타를 능숙하게 다루지 못하면 사정없이 채찍질이 날아듭니다. 경주 대회가 가까이 다가올수록 잠을 제대로 잘 수 없는 건 물론이고 먹을 것도 아주 조금 줍니다. 심지어는 마실 물도 잘 주지 않습니다. 아이를 일부러 굶기는 것이지요. 아이가 가벼울수록 낙타가 빨리 달리니까요. 그래서 낙타 기수로 일하는 아이는 정상적으로 자랄 수도 없고 큰 질병에 걸릴 수밖에 없습니다.

 하지만 가장 끔찍한 일은 아이가 달리는 낙타에서 떨어지는 것입니다. 바로 엘샤드가 당한 일이지요. 낙타 등에서 떨어져 불구가 되거나 목숨을 잃는 아이도 많습니다. 하지만 아이가 죽어도 처벌받는 사람은 거의 없습니다. 그냥 사고를 당해서 죽었다고 하면 그만이니까요. 노예처럼 혹사당하다 억울한 죽음을 당해도 책임지는 사람은 아무도 없습니다.

 1993년에 나이가 15세보다 어리거나, 몸무게가 45킬로그램이 안 되는 아이를 낙타 기수로 이용하는 것을 법으로 금지할 때까지 매주 열두 명의 아이가 죽어나갔다고 합니다. 하지만 이 법을 어겨도 실제로 처벌을 받는 사람이 거의 없어서 어린이 낙타 기수는 사라지지 않고 있습니다. 아시아의 파키스탄과 방글라데시, 아프리카의 수단 같은 나라에서 어린아이가 계속 잡혀 오는 이유도 여기에 있습니다. 아이가 크게 다쳐 쓸모가 없어지거나 죽는 바람에 새로운 아이가 끊임없이 필요한 거지요.

어른의 돈 욕심에 희생되는 아이들

 두바이 같은 중동의 사막 지역에서 낙타 경주를 하는 이유는 이것이 도박이기 때문입니다. 우리나라에서도 경마가 도박으로 이용되는 일이 있습니다. 경주에 참여한 말 중에서 자기가 돈을 건 말이 1등을 하면 큰돈을 따게 되는 식으로 말입니다. 이처럼 낙타 경주에도 큰돈이 오가기 때문에 사람들이 그만두지 않는 것입니다.

지금도 낙타 경주는 수많은 사람의 열광과 환호 속에서 시끌벅적하게 열리고 있습니다. 외국인도 자주 구경하러 오는 인기 있는 관광 상품이기도 하지요.

두바이를 비롯해 낙타 경주가 열리는 나라에서는 요즘 들어 뒤늦게나마 이런저런 대책을 마련하고 있습니다. 어린이 대신 인공 로봇을 낙타 기수로 사용하는 게 대표적입니다. 이렇게나마 된 건 어린이 낙타 기수의 비참한 실상이 국제적으로 알려지면서 이를 비난하는 여론이 높아진 덕분입니다.

새로 개발된 인공 로봇 기수는 낙타 주인이 모형 비행기를 조종할 때 쓰는 것과 같은 무선 조종기를 리모컨처럼 사용해서 낙타 위에 장치된 로봇 기수가 채찍을 휘두르거나 고삐를 잡아당기게 만든 것입니다. 이 로봇은 낙타가 거부감을 느끼지 않도록 사람과 닮은 디자인으로 만든다고 합니다.

아울러 2005년부터는 낙타 기수의 나이 제한을 18세 이상으로 올리는 등 규정을 더욱 강화했습니다. 국제기구인 유엔아동기금(유니세프, UNICEF)과 의논하여 낙타 기수 출신 어린이에게 부상 치료와 정신적 피해에 따른 보상금도 어느 정도는 지급하고 있고요. 그러나 얼마 안 되는 돈만으로 아이가 겪었던 그 엄청난 고통을 보상할 수 있을까요? 강화했다는 규정 또한 반드시 지키도록 하고 만약에 어기면 무거운 처벌을 해야만 효과를 볼 수 있을 것입니다.

강제로 끌려가거나 거짓말에 속아서 팔려 넘어간 아이. 그리하여 노예처럼 부림을 당하다가 평생 불구의 몸으로 살게 된 아이. 심지어는 죽어간 아이. 아이를 사고팔거나 노예 노동을 시키는 야만적인 범죄를 뿌리 뽑으려면 더 많은 사람의 관심과 더욱 철저한 노력이 필요합니다. 어린이 낙타 기수 문제에 대한 국제적 감시와 감독도 더욱 엄격하게 이루어져야 합니다.

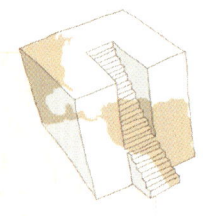

두바이의 '두 얼굴'

두바이는 중요한 에너지원인 석유와 천연가스로 부자가 된 곳이다. 이에 더해 장밋빛 미래를 보장하는 초대형 건설과 개발 사업을 내세워 외국의 뭉칫돈을 끌어들였다. 그 결과 두바이에는 세계에서 가장 높은 건물, 세계에서 가장 비싼 호텔, 세계에서 가장 큰 인공섬 같은 것이 여기저기 들어서게 되었다.

또 뜨거운 사막 지역인데도 스키장이 있다. 바깥은 40도가 넘는 불볕더위인데, 실내 스키장에는 영하 5도의 기온에 400미터가 넘는 인공 슬로프가 있고 매일 수십 톤의 눈이 뿌려진다. 호텔에서 바다로 나가는 모래사장 밑에는 에어컨이 설치됐다. 그래서 뙤약볕에 뜨겁게 달구어진 모래가 아니라 시원한 모래를 밟으며 바다로 나가 해수욕을 즐길 수 있다.

하지만 두바이의 이런 사치스러운 겉모습 뒤에는 어두운 그늘이 드리워져 있다. 놀랍게도 두바이 전체 인구 중 외국인이 차지하는 비율은 무려 90퍼센트에 이른다. 이들의 대다수는 인도, 파키스탄, 스리랑카, 필리핀, 방글라데시 등 아시아 여러 나라와 아프리카 북부 지역 나라에서 일자리를 찾으러 온 가난한 외국인 노동자다.

이들의 처지는 노예와 다름없다. 이들은 하루 열 몇 시간씩 중노동에 시달리면서도 임금은 몇천 원 정도밖에 받지 못한다. 아예 돈을 받지 못하는 사람도 많다. 불볕더위 속에서 일하다 일사병으로 사망하는 노동자가 한 해에 900명이나 될 때도 있다. 하지만 이런 일을 당해도 책임지는 회사는 없다. 하소연하거나 항의할 데도 없다.

두바이에서는 노동자가 자신을 고용한 사업주에게 항의하는 행위를 불법으로 규정하고 있다. 또 항의를 해봤자 '불만이 있으면 여기를 떠나라.'는 냉혹한 대답만 돌아올 뿐이다. 주변 아시아와 아프리카에는 값싼 노동력이 넘쳐나서, 누가 떠나면 그 자리는 다른 사람으로 채우면 그만인 것이다.

어린이 노예와 어른 노예가 공존하는 곳. 5, 6세 꼬마를 낙타 기수로 노예처럼 부리면서도 낙타 한 마리 값은 수십억 원이나 되는 곳. 그런 값비싼 낙타에게는 에어컨이 설치된 쾌적한 전용 우리와 전용 수영장, 전용 수의사까지 제공하면서도 어린 소년은 툭 하면 매질하고 굶기는 곳. 이것이 두바이의 두 얼굴이다.

사막 안에 있는 사치스러운 실내 스키장(두바이)

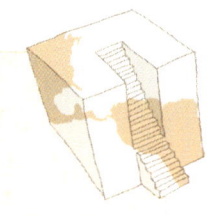

외국인 노동자의 슬픔

두바이에서 볼 수 있듯이, 세상에는 가난에서 벗어나려고 자기 나라를 떠나 외국으로 일하러 가는 사람이 많다. 우리나라에도 동남아를 비롯해 여러 나라에서 수많은 외국인 노동자가 들어와 공장 등에서 일하고 있다.

일자리를 찾아 목숨 건 이주를 하는 멕시코인
_국제앰네스티 제공

많은 외국인 노동자는 고된 노동과 부당한 대우, 멸시나 차별을 받는다. 외국인 노동자 때문에 자기 나라 국민의 일자리가 줄어든다는 이유로 외국인 노동자가 들어오는 것을 싫어하는 사람도 있다.

그래도 목숨을 걸고 국경을 넘는 사람이 많다. 대표적인 예가 아프리카에서 유럽으로, 그리고 라틴아메리카에서 미국으로 건너가는 사람이다. 아프리카 사례를 한번 살펴보자.

아프리카에서 유럽으로 가려면 대서양이나 지중해를 배로 건너야

한다. 하지만 가난한 아프리카 사람이 구할 수 있는 배는 대부분 작고 낡았다. 사고 위험이 클 수밖에 없다. 그래서 거센 파도에 휩쓸려 침몰하거나, 암초에 걸려 오도 가도 못하거나, 항해하는 도중에 고장이 나기 일쑤다. 그 과정에서 수많은 사람이 죽는다. 아프리카를 떠나 유럽으로 향하는 사람은 해마다 200만 명이나 되는데, 이들 중 매년 2,000명가량이 지중해에서, 또 다른 2,000명 정도가 대서양에서 목숨을 잃는다고 한다.

아프리카 사람이 들어오는 걸 싫어하는 몇몇 유럽 나라는 아예 국경에서 아프리카 사람을 총으로 쏘아 죽이기도 한다. 음식도, 먹을 물도 제공하지 않은 채 인정사정없이 사하라 사막으로 내쫓아 버리기도 한다. 배가 침몰한 뒤 지중해 연안으로 떠내려온 시체, 화물 운반차나 컨테이너 안에서 숨이 막혀 죽거나 굶어 죽은 사람, 비행기에 몰래 탔다가 화물칸에서 얼어 죽은 사람 이야기는 유럽에서 흔하다. 아프리카 대륙을 짓누르는 극심한 가난이 이런 비극을 만들어 내고 있다.

장난감 대신 총을 든 아이들

소년병은 어떻게 만들어지는가?

 책의 앞부분에서 소개했던 아프리카 시에라리온의 12세 소년병 이스마엘의 이야기를 기억하나요?

 시에라리온에서 반군과 정부군 사이에 내전이 일어난 것은 다이아몬드 때문입니다. 시에라리온은 아프리카 서부의 대서양 연안에 있는 나라입니다. 크기는 우리가 사는 남한의 3분의 2 정도이고, 인구는 서울의 절반인 500만 명입니다. 아주 조그마한 나라죠.

한데 이 나라는 좋지 않은 세계 기록이 여럿 있습니다. 평균 수명이 34세로 세계에서 가장 짧고, 갓난아기 사망률은 세계에서 가장 높습니다. 아이의 3분의 1이 15세 이전에 죽고, 임산부 사망률도 세계 1위입니다. 인구 대비 신체장애인 수도 세계에서 가장 많고요.

이런 비극의 뿌리가 바로 다이아몬드입니다. 시에라리온은 세계 10대 다이아몬드 생산국에 들 정도로 다이아몬드가 많이 묻혀 있습니다. 얼핏 생각하면 값비싼 다이아몬드를 팔아서 손쉽게 부자 나라가 될 수 있을 것 같습니다. 하지만 현실은 정반대입니다. 시에라리온에서는 다이아몬드가 전쟁과 폭력을 불러오고 있습니다.

1991년 반군 세력이 이웃 나라인 라이베리아의 도움을 받아 다이아몬드 광산을 점령했습니다. 그 뒤 10년이나 계속되는 긴 내전의 막이 오른 거지요. 전쟁 중에 벌어진 갖가지 만행은 잔인하기로 악명이 높습니다. 대표 사례가 바로 소년병이지요.

이스마엘은 반군에게 가족이 살해당하는 끔찍한 광경을 보고서 정부군 소속 소년병이 됐습니다. 하지만 반군에 속한 소년병이 더 많았습니다. 대부분 총칼을 앞세워 협박해 강제로 끌고 간 아이지요.

이렇게 끌려간 아이는 겨우 몇 주간의 간단한 훈련만 마친 채 총을 들어야 합니다. 불과 다섯 살밖에 안 된 소년병도 있었다고 합니다. 소년병은 끌려오면서부터 죽음에 무뎌지게 됩니다. 도망가려고 하거나 상처를 입어 대열에서 뒤처지는 아이가 있으면 어른 군인은 사정없이 총으로 쏘아 죽입니다. 그런 장면을 매일같이 보니까 사람이 죽거나 사람을 죽이는 것에 대해 별다른 죄의식을 느끼지 못하는 거지요.

어른들은 소년병에게 두려움을 없애고 상대방에 대한 증오와 적개심을 불어넣기 위해 마약, 술, 담배 등을 강요했습니다. 마약과 술에 취한 아이는 갈수록 겁이 없어지고, 사람을 죽이고 마을을 불태워도 아무런 죄의식을 갖지 않게 됩니다. 이런 과정을 거

치면서 소년병 아이는 인간성이 철저히 파괴된 살인 기계로 전락하게 되는 것입니다.

피로 얼룩진 다이아몬드

이제 전쟁은 끝났습니다. 지난 2012년 5월에는 이 전쟁에 깊숙이 개입한 이웃나라 라이베리아의 전 대통령이 국제 특별법정에서 징역 50년형이라는 무거운 처벌을 받았습니다. 시에라리온 내전을 부추기면서 수많은 살인을 저지르고 소년병을 동원한 죗값을 치른 것이지요. 전직 국가 지도자가 국제 법정에서 공식으로 처벌을 받기는 제2차 세계대전 이후 이번이 처음입니다.

그러나 시에라리온은 여전히 가난하고 불안정합니다. 다이아몬드를 팔아서 생기는 큰돈은 이 나라 국민을 위해 쓰이지 않습니다. 돈은 대부분 다이아몬드의 생산과 유통을 주름 잡고 있는 서구의 거대 기업과 부패한 정치인의 주머니로 들어갑니다.

실제로 시에라리온의 다이아몬드로 가장 큰 이익을 얻는 것은 서구의 기업입니다. 시에라리온에서 아주 싼 값으로 다이아몬드 원석을 사들인 뒤 그것을 아름다운 보석으로 가공해 전 세계에 아주 비싼 가격에 팔면서 막대한 돈을 벌지요. 정작 시에라리온 국민은 다이아몬드 때문에 엄청난 희생과 고통을 당하는 데 반해 이런 기업은 바로 그 다이아몬드로 돈을 쓸어 담고 있는 것입니다.

이런 기업은 시에라리온에서 전쟁이 벌어지든 말든, 다이아몬드 광산을 누가 차지하든, 이스마엘 같은 소년병이 무슨 일을 겪든, 아무런 상관이 없습니다. 오로지 다이아몬드로 돈만 벌면 그만이지요. 시에라리온의 다이아몬드가 '피로 얼룩진 다이아몬드(Blood Diamond)'라고 불리는 까닭이 여기에 있습니다.

반군은 다이아몬드 광산을 빼앗으면 아이들을 강제로 동원해 다이아몬드를 캐내서 서구 시장에 내다 팔았고, 그 돈으로 다시 서구의 무기를 샀습니다. 그리고 그 무기를 수많은 사람을 죽이는 데 사용했습니다. 내전이 벌어진 10년 동안 7만 5000명이 죽었고(무려 20만 명이 죽었다는 조사 결과도 있습니다), 2만 명이 팔다리가 잘렸습니다. 집을 잃고 전쟁 난민이 된 사람은 200만 명 가까이나 되고요.

보석 가게에 진열된 다이아몬드를 보면 아름답기 그지없습니다. 하지만 그 다이아몬드엔 아프리카 소년병의 참혹한 피와 눈물이 배어 있습니다.

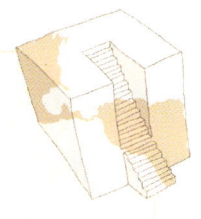

자원을 둘러싼 끝없는 전쟁

시에라리온에서는 다이아몬드가 비극의 뿌리이지만, 세계 여러 곳을 둘러보면 가장 큰 분쟁의 원인이 되는 자원은 석유라고 할 수 있다. 지난 2003년에 미국이 일으킨 이라크 전쟁이 대표적이다.

미국은 겉으로는 이라크에 있는 대량살상 무기를 없애고 테러를 방지하려고 전쟁을 일으켰다고 주장했다. 그러나 그것은 거짓말이었다. 애당초 이라크에 대량살상 무기 같은 건 없었다. 많은 사람의 주장에 따르면, 미국이 이라크를 침공한 가장 큰 이유는 석유 때문이었다.

이라크는 석유가 세계에서 두 번째로 많은 나라다. 또한 석유가 대부분 땅 바로 밑에 묻혀 있다. 그래서 적은 비용으로 손쉽게 석유를 퍼낼 수 있다. 세계에서 석유를 가장 많이 소비하는 미국으로서는 눈독을 들일 수밖에 없다. 하지만 미국의 이러한 석유 욕심 탓에 이라크에서는 수십만 명의 사람이 죽어야만 했다.

아프리카도 별반 다르지 않다. 유럽과 미국 등 서구 강대국은 오래전부터 아프리카 각지에서 석유를 대량으로 캐 가고 있다. 석유 장사로 천문학적인 돈을 벌어들이는 거대한 석유 기업들이 행동 대장이다. 하지만 아프리카 현지 주민에게 돌아오는 몫은 거의 없다.

가장 큰 이유는 아프리카의 못된 권력자와 정치인, 관료 들이 석유를 팔아서 번 돈을 국민에게 사용하는 게 아니라 자신의 권력을 유지하고, 반대 세력을 억누르는 데 쓰기 때문이다. 그들은 석유로 번 돈으로 외국에서 무기를 사들일 때가 잦다. 이런 이유로 아프리카에선 전쟁이나 분쟁이 자꾸 일어나는 것이다.

그런데 역사를 보면 오늘날 아프리카 내전의 씨앗을 뿌린 주범은 과거에 아프리카를 침략해 식민지로 삼았던 서구 강대국이다. 이들은 아프리카 지도를 놓고 자기들 맘대로 국경선을 그어 버렸다. 그 결과 같이 어울려 살아야 할 부족이 갈가리 나뉘거나, 혹은 그 반대로 따로 떨어져 살아야 부족들이 한 나라 안으로 합쳐지는 일이 일어났다. 또한 서구 강대국은 식민지 주민을 더 손쉽게 통치하기 위해 종족들의 분열과 갈등을 일부러 부추기기 일쑤였다.

이런 역사적 배경이 오늘날 아프리카에서 벌어지는 분쟁의 뿌리 깊은 원인이 되고 있다. 이렇게 보면 아프리카 사람은 옛날이나 지금이나 똑같이 강대국의 횡포 때문에 큰 피해를 보고 있는 셈이다.

오늘날 아프리카는 전체 인구 4명 중 1명꼴로 굶주리고 있다. 또한 에이즈와 말라리아 같은 질병으로 숱한 사람이 목숨을 잃는다. 이에 더해 석유나 다이아몬드 같은 소중한 자원마저 서구 강대국에 빼앗기면서 끝없는 전쟁의 고통에 시달리고 있다. 소년병 이스마엘은 아프리카가 겪고 있는 이런 아픔의 상징이다.

누가 이 소녀의 행복을 빼앗았는가?

납치되어 끌려간 지옥

어린이 병사 중엔 남자아이만 있는 게 아닙니다. 여자아이도 있습니다. 국제앰네스티 일본 지부에서 펴낸 『나는 어린이 병사』라는 책을 보면 아프리카 우간다의 11세 소녀 라케라가 겪은 일이 생생하게 소개되어 있습니다.

라케라는 우간다 북쪽 지방의 어느 마을에서 식구들과 오붓하게 살고 있었습니다. 부자는 아니었지만 농사를 짓는 아빠 엄마와 함께 행복한 나날을 보내며 학교도 다니고 있었습니다. 그런 라케라에게 비극이 닥친 건 열한 살이 되던 때인 1995년이었습니다.

그해 어느 날, 라케라는 여느 때와 다름없이 부모가 농사짓는 걸 돕기 위해 가족과 함께 집에서 좀 떨어진 밭으로 가고 있었습니다. 그런데 도중에 길옆의 수풀에서 무장한 병사 몇 명이 불쑥 나타났습니다. 정부에 반대하는 무장 세력의 병사였습니다. 이들은 다짜고짜 라케라를 휙 낚아채더니 그대로 끌고 가 버렸습니다. 라케라의 부모가 울부짖으며 저항했지만 총을 들고 거칠게 으르는 병사들을 당해낼 수 없었습니다.

라케라를 유괴한 것은 '신의 저항군'이라는 무장 세력입니다. 이웃 나라인 수단에 본부를 두고 툭 하면 우간다로 들어와 정부군을 공격하는 반정부 단체이지요. 이들은 병사가 부족해지자 1990년대 중반부터 사람을 강제로 끌고 가서 병사로 만들었습니다. 유니세프라는 국제기구에 따르면 '신의 저항군'에 유괴된 어린이 수가 2만 명에 이른다고 합니다.

그렇게 해서 라케라가 끌려간 곳은 군사기지였습니다. 거기서 라케라는 총 쏘는 법부터 배웠습니다. 반항하거나 말대꾸라도 하면 맞아 죽을 수도 있기 때문에 꼼짝없이 시키는 대로 할 수밖에 없었습니다. 열한 살 때 끌려간 라케라는 무려 8년이나 병사이자 가정부로 일했습니다. 총을 들고 전투에 나가서 사람을 죽이는

것은 물론이고 군부대 안에선 온갖 잡일에 시달려야 했습니다.

그러던 중 라케라가 열여덟 살이 되던 2002년 어느 날 정부군과 전투가 벌어졌습니다. 그 와중에 같은 부대원이 뿔뿔이 흩어졌고, 그 틈을 타 다행히도 라케라는 부상 없이 정부군의 도움으로 구출될 수 있었습니다. 비로소 지옥 같은 생활에서 벗어날 수 있게 된 거지요.

하지만 라케라가 정상적인 생활로 돌아오는 것은 너무나 힘들었습니다. 무엇보다 다른 사람을 잘 믿지 못했고 마음을 좀체 열

지 않았습니다. 너무 어릴 때 잡혀가 오랫동안 끔찍한 일을 겪어서 몸뿐만 아니라 마음에도 커다란 상처를 입었기 때문입니다.

가족과 같이 살 수도 없었습니다. 부모님은 같이 살기를 원했지만 마을 사람이 강력하게 반대했습니다. 반군에게 끌려가 나쁜 짓을 했으니, 같은 마을 사람으로 받아들일 수 없다는 것이었지요.

이런 일은 드물지 않습니다. 소년병 대부분은 유괴된 다음날 자신이 살던 마을에 가서 물건을 약탈해 오라는 명령을 받는다고 합니다. 가족과 마을 사람에게 '나쁜 놈'으로 찍혀 본래 살던 곳으로 돌아가지 못하게 하려는 거지요. 그러면 아이는 '이제 갈 곳도 없다.'고 체념하여 병사로 살아갈 수밖에 없습니다.

하지만 라케라는 큰 슬픔 속에서도 마냥 절망에만 빠져 있지 않았습니다. 점점 몸과 마음을 추스르면서 열심히 살아야겠다는 희망과 의욕을 키워나갔습니다. 그 결과 지금 라케라는 어느 마을의 시장에서 친구 네 명과 함께 조그만 옷가게를 차려서 운영하고 있습니다. 떠올리기만 해도 소름이 끼치는 옛 기억을 뒤로 한 채 라케라는 새롭고도 밝은 내일을 조금씩 열어 가고 있습니다.

홀로 떠돌며 고통을 견디는 아이들

어린이 병사는 현재 전 세계적으로 30만 명 정도 되는 것으로 알려졌습니다. 이중 40퍼센트 가량이 아프리카에 집중되어 있습니다. 어린이를 병사로 악용하는 데는 몇 가지 이유가 있습니다.

첫째, 아이는 길들이기 쉽고 부려 먹기 편합니다. 세뇌하기도 쉽습니다. 거칠게 겁을 주고 폭력으로 위협하면 아이는 말을 잘

들게 마련입니다. 그래서 총알받이로 내세우기도 수월합니다.

둘째, 아이는 어른보다 참는 힘이 약하고 이성적인 판단을 잘하지 못합니다. 그래서 총 같은 무기를 들면 자신에게 엄청난 권력과 힘이 생긴 것으로 여기기 쉽습니다. 그러다 보면 분위기에 휩쓸려 큰 주저 없이 사람을 죽이게 됩니다. 심지어는 컴퓨터게임을 하듯 사람 죽이는 것을 아무렇지도 않게 여기기도 합니다.

셋째, 아이는 강제로 끌고 오기 쉽습니다. 특히 병력이 줄어들 때 아이가 집중적인 피해 대상이 됩니다. 라케라가 당한 것처럼 길거리 같은 데서 개별적으로 끌고 가기도 하고, 아예 마을이나 학교에 쳐들어가 수십 명씩 집단으로 유괴할 때도 있습니다.

아이를 병사로 만드는 과정은 매우 잔인합니다. 이스마엘이나 라케라가 경험했듯이, 매질과 고문을 가하는 것은 물론이고 수시로 술과 마약을 강요합니다. 도망치다 잡혀 온 아이를 같이 지내던 동료 어린이 병사들이 죽이게 하기도 합니다. 인간성도 양심도 우정도 모두 파괴해 무서운 '살인 기계'로 만드는 것입니다.

전쟁과 폭력과 가난에 시달리는 아이, 몸과 마음에 평생 잊을 수 없는 상처를 안고 살아가는 아이, 그리하여 홀로 떠돌며 외롭고 힘겨운 삶을 견뎌 나가야 하는 아이……. 이 세상의 깊은 슬픔을 보여주는 또 하나의 현실입니다.

'자살 폭탄'을 아시나요?

세상엔 자신의 선택으로 무기를 드는 아이도 있다. 심지어 자신의 몸에 폭탄을 허리띠나 어깨띠처럼 칭칭 감은 채 상대방에게 돌진해 폭탄을 터뜨리는 일도 있다. 상대방을 죽임과 동시에 자신도 기꺼이 죽는 것이다. 이것을 흔히 '자살 폭탄 테러'라 부른다. 그러나 이런 행동을 하는 사람은 '테러'가 아니라 '순교'라고 여긴다. 겉모습만 보면 살인이요 테러이지만, 자신의 목숨을 스스로 바침으로써 숭고한 뜻을 이룬다는 것이다.

이런 일이 일어나는 곳 중의 하나가 중동 지역의 팔레스타인이다. 지금 팔레스타인은 자신의 땅을 점령한 이스라엘에 맞서 독립국 건설을 위해 싸우고 있다. 이스라엘은 팔레스타인 지역을 차지한 뒤 이 지역에 살던 아랍인을 억압해 왔다.

이스라엘은 탱크와 전투기 등을 동원한 군사 공격으로 팔레스타인 사람을 무차별로 죽였다. 팔레스타인의 외부 물자 교류를 강제로 막아서 팔레스타인 사람의 생활을 커다란 고통에 빠뜨리기도 했다. 또 이스라엘은 테러범을 찾는다는 명분으로 아무 때나 팔레스타인 사람 집에 들이닥쳐 총질을 가하고 주먹을 휘둘렀다. 그렇게 사람을 잡아가서는 제멋대로 감옥에 가두어 버리는 게 예사였다.

팔레스타인 아이는 어릴 때부터 이런 이스라엘의 횡포를 매일같이 경험한다. 이 아이들은 자기 가족이나 친척, 이웃이 이스라엘 군인

* 팔레스타인은 이스라엘 동부와 남부에 있습니다.

에게 비참하게 죽거나, 두들겨 맞거나, 잡혀가서 감옥에 갇히는 것을 숱하게 보고 듣는다. 이 아이들 마음속에 이스라엘에 대한 분노와 적개심이 자라는 것은 당연한 일이다. 이스라엘에 저항하는 투사가 되기 위해 십 대 때부터 군사훈련을 받겠다고 자원하는 아이가 생기는 까닭이다.

이런 과정에서 조국의 자유와 해방을 위해 자기 목숨까지 바치고자 하는 '순교자'의 꿈을 키우게 되는 것이다. 하지만 이는 커다란 희생을 낳았다. 지난 2000년 이후만 해도 이스라엘군에 목숨을 잃은 어린이가 900명이 넘는다고 한다.

팔레스타인과 이스라엘 사이가 이렇게 된 데에는 오랜 역사적 뿌리가 있다. 이스라엘 사람, 곧 유대인은 아주 오래전 옛날에 이 지역에 왕국을 세워 살았으나, 기원전 1세기에 로마제국의 식민지가 된 뒤 대부분 세계 각지로 흩어졌다. 아랍인은 그 뒤부터, 특히 6세기경부터 지금까지 이 지역에서 살아왔다. 그러니까 팔레스타인은 근 2,000년 가까이나 아랍인이 대를 이어 살아오던 곳이었다.

문제는 20세기 초중반에 벌어진 제1차 세계대전과 2차 세계대전 당시에 터졌다. 2차 대전이 끝난 1948년에 유대인은 영국과 미국 등 서구의 도움으로 이 지역에 이스라엘 국가를 세웠다. 2,000년이나 이 지역에서 살아오던 아랍인으로서는 받아들이기 어려운 일이었다. 이로써 둘 사이에 본격적인 분쟁이 벌어졌고, 전쟁도 네 차례나 치렀다.

전쟁에서 승리한 쪽은 이스라엘이었다. 막강한 군사력을 갖춘 데다 미국과 영국 등 서구의 강력한 지원을 받았기 때문이다. 그렇게 하여 이스라엘은 팔레스타인 지역의 대부분을 점령하였고, 그 뒤 팔레스타인 사람을 가혹하게 지배해 왔다. 그동안 양쪽은 물론 국제사회까지 나서 평화와 공존을 위해 나름대로 노력했으나, 아직 분쟁은 계속되고 있다.

민족, 종교, 문화, 언어 등 모든 것이 서로 다른 아랍인과 유대인이 한 지역에서 살다 보니 갈등과 충돌은 피할 수 없는 일이다. 하지만 그 탓에 지금 팔레스타인 아이들은 우정과 사랑을 나누는 대신에 분노와 증오를 키우고 있다. 친구와 어울려 즐겁게 공부하고 노는 대신에 무기를 들고 싸움터에 나가고 있다.

피해는 이스라엘 아이들에게도 돌아가고 있다. 이들은 어릴 때부터 팔레스타인 사람은 자신들에게 테러를 일삼는 나쁜 사람이라고 교육받는다. 그래서 팔레스타인을 미워하고 싫어하는 이스라엘 아이가 많다. 슬프고 안타까운 일이 아닐 수 없다. 이 죄 없는 아이들을 적으로 만든 것은 누구일까? 이 순진한 아이들에게서 꿈과 우정을 빼앗아 간 것은 무엇일까?

자신의 땅에서 쫓겨나는 사람

아빠의 우울한 선택

 벌써 어두워지고 있습니다. 집에서 빤히 내다보이는 바다의 수평선 너머로 뉘엿뉘엿 해가 넘어가고 있습니다. 아빠가 돌아올 시간입니다. 엄마는 부엌에서 저녁을 준비하느라 정신이 없습니다.
 아마 오늘 물고기를 많이 잡았다면 대문 밖 저 멀리서부터 "마리카! 마리카!" 하며 내 이름을 부르는 아빠의 우렁찬 목소리가 곧 들려올 것입니다. 이웃이 다 듣도록 멀리서부터 큰 목소리로 내 이름을 부르는 건 아빠의 버릇입니다. 물론 물고기를 많이 잡아서 기분이 좋을 때의 일이지만 말입니다. 그럴 때면 아빠 얼굴에 환한 미소가 번지고, 나도 덩달아 기분이 좋아집니다.

하지만 요즘 들어 이런 일은 드물어졌습니다. 물고기를 제대로 잡지 못할 때가 훨씬 많아졌기 때문입니다. 빈손으로 바다에서 돌아오는 날이면 아빠의 귀가 시간이 늦어질 때가 잦습니다. 아빠는 기분이 상해서 밤늦게까지 술을 마십니다. 그러고선 엄마와 싸우기도 합니다. 물고기 잡는 일은 내가 잘 모르는 먼 조상 적부터 내려온 가업이고, 또 아빠가 평생 해온 일입니다. 우리 식구는 그 물고기를 내다 팔아 먹고삽니다.

이윽고 문 밖에서 터벅터벅 걸어오는 아빠의 발걸음 소리가 들려옵니다. 일찍 오는 걸 보면 다행히 오늘은 물고기를 많이 잡은 걸까요? 글쎄요, 좀 이상합니다. 만약에 그렇다면 멀리서부터 내 이름을 부르는 소리가 들려야 하는데, 오늘은 그렇지 않습니다. 어찌 된 영문인지 궁금합니다.

"젠장, 오늘도 허탕이야."

문을 벌컥 열고 들어온 아빠의 표정이 어둡습니다. 오늘도 물고기를 잡지 못한 것입니다.

"우리도 진짜 떠날 준비를 해야겠어. 이래가지곤 도저히 안 되겠어."

아빠는 혼잣말처럼 떠나야겠다는 말을 불쑥 내뱉습니다. 엄마는 아무 말도 없이 한숨만 폭 내쉽니다. 나도 압니다. 여기를 떠날 수밖에 없다는 얘기를 아빠, 엄마가 주고받는 것을 평소에도 귀동냥으로 가끔 들었으니까요.

실제로 요즘 들어 이곳을 떠나는 동네 사람이 부쩍 늘었습니다. 그래서 여기저기 빈집이 자꾸 생기고 있습니다. 덩달아 동네 분위기도 을씨년스럽고 삭막한 곳으로 바뀌고 있습니다. 예전의 활기차고 명랑했던 분위기는 온데간데없습니다. 그저께만 해도 나와 단짝 친구인 율라네 집이 동네를 떠났습니다. 가장 친한 친구와 헤어지자니 정말 마음이 아프고 슬펐습니다. 작별 인사를 하다 서로 손을 부여잡고 엉엉 울기까지 했습니다.

아, 오늘 밤은 잠이 잘 오지 않을 것 같습니다. 아직 어리긴 하지만 나도 여기를 곧 떠난다는 생각을 하면 슬프고 우울해집니다. 정이 많이 들었거든요. 하지만 내가 결정할 수 있는 일이 아니니 어찌할 도리가 없습니다.

사라지는 바다와 떠나는 사람

 마리카는 중앙아시아에 있는 우즈베키스탄의 여덟 살 소녀입니다. 마리카가 사는 곳은 우즈베키스탄과 카자흐스탄으로 둘러싸인 아랄 해라는 바다 바로 옆의 자그마한 어촌 마을이고요.
 아랄 해는 세계에서 네 번째로 큰 내해(內海)입니다. '내해'란 한자의 뜻풀이 그대로 안에 있는 바다, 곧 육지로 둘러싸인 바다를 뜻하는 말입니다. 그런데 이 아랄 해가 지금 완전히 사라지고 있

습니다. 마리카네 가족이 동네를 떠날 수밖에 없게 된 것도 이 때문입니다.

　본래 아랄 해는 1960년대 초까지만 해도 면적이 우리나라의 3분의 2에 이르는 엄청나게 큰 바다였습니다. 하지만 지금은 물의 양은 90퍼센트, 면적은 75퍼센트가 줄어들어 지도에서 아예 없애야 할 지경입니다. 대신에 푸른 물이 넘실대던 그 드넓었던 바다와 인근 지역의 대부분은 황폐한 소금 사막으로 변해 버렸습니다.

　왜 이렇게 됐을까요? 아랄 해는 사회주의권이 무너지던 1990년대 초까지만 해도 옛 소련의 영토였습니다. 그리고 아랄 해에는 시르다리아 강과 아무다리야 강이라는 두 개의 큰 강이 흘러들면서 물을 공급하고 있습니다.

　그런데 소련이 1960년대부터 아랄 해 근처에서 대규모로 면화를 재배하면서, 면화 농사에 필요한 물을 끌어들이려고 이 두 강의 물줄기를 돌려 버렸습니다. 본래 면화 농사에는 물이 많이 필요하거든요. 이게 가장 큰 원인이지만, 한편으로는 지구 온난화로 물의 증발량이 많아진 것도 영향을 미쳤습니다. 흘러들어 오는 물은 줄었는데 증발해서 없어지는 물은 늘었으니 아랄 해의 수위가 급속히 낮아지는 건 당연한 일이지요.

이렇게 되자 바닷물에 들어 있는 소금기와 광물질의 농도가 급격히 짙어졌습니다. 그 탓에 먹을 수 있는 물이 부족해졌습니다. 이전에 풍부했던 철갑상어와 잉어 같은 물고기도 사라지게 됐고요.

아랄 해 근처는 예전에는 사람으로 와글와글 북적거렸습니다. 물고기가 많이 잡혔기 때문이지요. 곳곳에 항구도시가 들어섰고 어업과 수산물 가공업이 번창했습니다. 하지만 이젠 항구 자체가 없어져 버렸습니다. 어업 또한 완전히 문을 닫을 형편이 되었고요.

이런 상황을 더욱 나쁜 쪽으로 몰아간 건 기후 변화입니다. 여름은 더욱 메마르고 더워지고 있습니다. 겨울은 더욱 추워지고 기간도 길어지고 있습니다. 그 많던 물이 없어지니 자연 생태계에 영향을 미쳐 기후 변화가 일어날 수밖에 없는 거지요. 그 결과 먼지 폭풍과 소금 바람 또한 더욱 심해져서 멀리 떨어진 지역으로까지 몸에 해로운 먼지와 소금이 날리고 있습니다. 이 탓에 주민 건강도 아주 나빠졌습니다.

평화롭고 활기 넘치던 바닷가 마을이 사막 같은 곳으로 바뀌자 주민은 이곳을 떠날 수밖에 없게 됐습니다. 오랜 세월 고기잡이를 하면서 이어 오던 전통적인 생활 방식이 불과 수십 년 만에 파괴되고 만 거지요. 바로 마리카네 가족이 겪고 있는 일입니다.

물론 아랄 해를 살리려는 노력이 없는 건 아닙니다. 아랄 해의 북쪽에 자리 잡은 카자흐스탄은 아랄 해를 보존하려고 그나마 이런저런 애를 쓰고 있다고 합니다. 하지만 남쪽의 우즈베키스탄은 사실상 아랄 해를 포기한 상태입니다. 아랄 해를 살리기는커녕 도리어 이 지역에서 가스와 유전을 탐사하느라 더 망가뜨리고 있다고 합니다.

이건 공평하지 않다

이처럼 지나친 개발은 자연뿐만 아니라 사람의 생활도 산산조각 내고 맙니다. 바다로 흘러드는 것이 마땅한 강줄기를 인간의 필요나 욕심만을 앞세워 딴 곳으로 돌려 버리는 것은 자연의 질서를 크게 어지럽히는 일입니다. 사람이 살면서 개발 자체를 전혀 안 할 수는 없겠지요. 하지만 그것이 지나치거나 무분별하게 이루어지면 자연은 돌이킬 수 없을 정도로 파괴되고 맙니다. 그리고 그 파괴의 대가는 고스란히 인간에게로 되돌아오기 마련입니다.

왜냐고요? 사람은 자연의 일부이니까요. 다시 말해 사람을 포

함한 모든 생명의 근원이자, 삶과 생존의 토대가 바로 자연이기 때문입니다. 그러므로 자연을 괴롭히고 망가뜨리는 것은 사람에게 그렇게 하는 것과 다를 바 없습니다. 특히 자연이 망가지면 그 자연 속에서, 자연과 더불어, 자연에 기대어 살아가는 사람들은 큰 타격을 받을 수밖에 없습니다. 마리카네 가족이 그러하듯이 말입니다.

마리카네 가족은 부유하지는 않았지만 나름 오순도순 행복하게 살았습니다. 집 바로 앞에 펼쳐진 바다에만 나가면 물고기를 언제든 넉넉히 얻을 수 있었습니다. 하지만 이젠 낯선 곳에서 무슨 일을 하며 살아야 할지 막막하기만 합니다. 아마도 먼저 떠난 많은 이웃이 그렇듯이, 큰 도시의 변두리 같은 곳을 떠도는 생활을 하게 될 가능성이 높겠지요.

그러면서 마리카는 늘 떠올릴 것입니다. 아름답게 넘실대던 어릴 적 아랄 해의 푸른 파도를 말입니다. 그리고 늘 그리워할 것입니다. 그물 가득 물고기를 잡고서 신바람이 나 "마리카! 마리카!" 하면서 딸의 이름을 부르는 아빠의 정겹고도 우렁찬 목소리를 말입니다.

동시에 마리카는 억울해할 것입니다. 아랄 해가 사라지게 된 데에 자신들의 책임은 전혀 없는데 피해는 자신들에게 돌아왔으니까요. 아랄 해를 죽인 주범은 대규모 면화 재배를 강행한 옛 소련 정부입니다. 그리고 아랄 해에서 석유와 가스를 개발하고 있는 거대 기업들입니다. 하지만 마리카네 가족은 면화 재배를 통해서든 석유와 가스 개발을 통해서든 혜택을 본 게 없습니다. 이득을 얻는 것은 그런 일을 밀어붙인 국가와 기업입니다. 그러므로 마리카네 가족은 고향 땅을 스스로 떠난 게 아닙니다. 사실은 쫓겨난 거지요. 이건 공평하지 않습니다.

그렇습니다. 자연을 지나치게 파괴하는 개발은 불평등과 가난의 커다란 원인 중 하나입니다. 자연을 죽이는 것은 사람을 죽이는 것이며, 특히 가난한 사람을 더욱 비참한 불행으로 몰아넣을 때가 잦습니다. 세계 곳곳을 보면 가난한 사람일수록 자연에 의존하면서 살아가니까요.

집단 자살을 선언한 아마존 부족

자연을 망가뜨리는 개발로 삶터가 황폐해지는 사례는 무수히 많다. 그중에 남미의 원주민 부족인 우와족이 겪은 이야기는 특히 깊은 울림을 전해준다.

우와족은 먼 옛날부터 남미 안데스 산맥 깊은 곳의 아마존 열대 우림에서 살아온 부족이다. 이들은 수천 년간 이웃 부족과는 물론 자연과도 평화롭게 공존해 왔다. 이들은 땅을 해치지 않고 자연과 조화롭게 사는 것을 무엇보다 중요하게 여겼다. 이들은 여름 한 철 석 달 동안은 제대로 식사를 하지 않고 단식을 한다. 숲에 불을 질러 논밭을 만들면 얼마든지 많은 식량을 생산할 수 있지만, 숲과 땅을 보호하기 위해 그렇게 하지 않는다. 대신에 부족한 식량으로 생존하기 위해 모두가 함께 굶거나 적게 먹는 길을 선택한 것이다.

목숨 걸고 환경을 지키려는 우와족의 기자회견 모습

이들에게 불행의 그림자가 드리운 건 지난 1995년이다. 미국의 거대 석유 기업이 우와족이 사는 곳에서 석유 개발을 추진한 것이다. 그러자 우와족은 땅에 구멍을 뚫어 석유를 뽑아내는 것은 우리 몸에 구멍을 뚫어 피를 빼내는 것과 마찬가지라며 석유 개발에 저항했다. 하지만 석유 개발 움직임은 멈추지 않았다.

이에 우와족은 석유 개발이 강행되면 약 6,000명인 부족민 전체가 400미터 높이의 절벽에서 뛰어내려 집단으로 자살하겠다고 선언하기에 이르렀다. 실제로 우와족의 조상은 400여 년 전 스페인이 침략했을 때 백인의 노예로 끌려가는 것을 거부하고 자유와 존엄성을 지키려고 집단 자살을 한 적이 있다.

최근의 석유 개발과 오래전 유럽 백인의 침략은 우와족의 삶터를 파괴하고 그들의 평화를 짓밟는다는 점에서 공통점을 지닌다. 조상 적부터의 전통을 자랑스럽게 간직하며 살아온 이들이 조상을 따라 실제로 집단 자살을 할 가능성은 아주 높았다. 하지만 다행히 국제 사회의 관심이 높아지는 등 여러 곡절을 겪으면서 집단 자살이라는 최악의 비극은 피할 수 있었다.

그러나 석유 개발을 반대하는 과정에서 우와족은 큰 희생을 치러야만 했다. 그들을 도와주던 변호사 한 명과 환경운동가 세 명이 납치돼 살해됐다. 평화시위를 벌이던 중에 우와족 어린이 세 명이 진압 군대가 쏜 최루탄을 피하려다 물에 빠져 죽기도 했다. 이런 비극을 겪으면서도 우와족의 저항은 지금도 계속되고 있다.

아마존 일대에서 수난을 당하는 것은 우와족만이 아니다. 드넓은 아마존 강 유역의 울창한 열대우림은 '지구의 허파'로 불린다. 자연 생태계의 보물 창고이다. 동시에 아마존 일대는 우와족과 같은 수많은 토착 원주민의 오랜 삶의 터전이기도 하다.

그런 아마존이 최근 30~40년 사이에 급속도로 파괴되고 있다. 전체 열대우림의 20퍼센트가 사라졌다는 조사 결과가 나올 정도다. 가장 큰 원인은 소를 비롯한 가축을 대규모로 키우려고 숲을 베어 버리고 방목지를 만든 탓이다. 또한 아마존 유역 곳곳에서 도로를 내고, 산업 시설을 세우고, 석유와 지하자원을 캐내고, 도시를 건설하고 넓히는 개발 사업이 벌어지고 있기 때문이다.

이 과정에서 자연은 물론 아마존의 숲과 강에 의지해 살아가는 수많은 원주민도 큰 고통을 당하고 있다. 삶터가 개발되면서 강제로 쫓겨나는 것은 예사다. 심지어 그런 개발에 맞서 싸우다 폭행을 당하거나 심지어는 살해당하는 일까지 심심찮게 벌어진다.

사람과 자연을 동시에 파괴하는 개발

동남아시아의 보르네오 섬은 아마존 유역, 아프리카 중서부 지역과 함께 세계 3대 열대우림으로 손꼽히는 곳이다. 여기서도 비슷한 일이 벌어지고 있다.

이 섬은 세계 최대 팜유 생산지다. 식물성 기름인 팜유는 자동차 연료로 사용되는 바이오디젤, 튀김용 기름, 초콜릿이나 아이스크림과 같은 가공식품 등에 두루 쓰인다. 그런데 이 팜유는 보르네오 섬의 열대우림을 베어내고 불태운 자리에 만들어진 거대한 기름 야자나무 농장에서 생산된다. 지금 보르네오 섬은 이런 거대 농장의 개발 바람에 휩싸여 급속도로 황폐해지고 있다.

농장을 만들 때 숲에서 살아가는 원주민은 거추장스러운 방해물로 여겨질 뿐이다. 숲을 베어 버리는 것은 물론이고 곳곳의 원주민 마을을 불도저로 밀어 버린다. 저항하는 이들에게 돌아오는 것은 폭력과 죽음이다. 그러고 나서 남는 것은 지독한 가난과 자기 삶의 뿌리가 뽑혔다는 사실에서 오는 깊은 슬픔과 절망이다.

보르네오 섬엔 금, 은, 석유, 다이아몬드 등도 풍부하게 묻혀 있다. 지하자원을 개발하는 과정에서도 숲과 그 숲에 기대어 살아가는 사람의 삶은 어김없이 파괴되고 있다. 거대 기업 등이 밀어붙이는 '개발'은 이처럼 힘없고 가난한 사람을 한층 더 비참한 처지에 빠뜨린다. 세상의 불평등은 이리하여 더욱더 깊어지고 있다.

거대 기업 쉘에 항의하는 나이지리아 보도 지역의 주민

거대 기업 쉘이 운영하는 송유관에서 흘러나온 시커먼 기름

거대 기업 쉘 탓에 기름으로 오염된 나이지리아 보도 지역의 땅

2008년 나이지리아의 '보도'라는 지역에서 수천 배럴의 기름이 유출되는 사건이 발생했다. 송유관에서 10주 동안 무방비 상태로 기름이 흘러나왔지만 이에 책임이 있는 기업 쉘은 지금까지도 피해 주민에 대한 정당한 배상과 정화작업을 외면하고 있다.

― 국제앰네스티 제공

나라 전체가 바닷물에 잠긴다면

축구를 중단할 수밖에 없었던 소년

    남태평양의 섬나라 투발루에 사는 13세 소년 자코보.

    축구를 좋아하는 자코보는 오늘도 여느 때와 다름없이 학교 수업이 끝난 뒤 친구들과 축구를 하느라 정신이 없습니다. 자코보는 즐겁습니다. 수업시간은 졸리고 지겹기만 하지만 이렇게 축구 시합을 하면서 노는 시간은 더없이 행복합니다. 자코보가 다니는 학교는 바닷가에 있어서 태평양에서 불어오는 산들바람이 상쾌하기 그지없습니다. 오늘따라 햇살도 더욱 보드랍습니다. 모두 땀

범벅이 된 채 가쁜 숨을 몰아쉬면서도 얼굴엔 웃음이 떠나지 않습니다.

그런데 말입니다. 그렇게 신 나게 축구를 하고 있는데, 약간의 문제가 생겼습니다. 아니, 문제가 자꾸 커지고 있습니다. 아까부터 운동장 한쪽 구석에 조금씩 물이 차오르는 겁니다. 바다 쪽입니다. 처음엔 그리 불편하거나 신경 쓸 정도까지는 아니었습니다.

한데 시간이 지날수록 물이 점점 불어나 운동장의 거의 전부가 질퍽거립니다. 축구 경기를 하기 어려울 정도입니다. 급기야 공을 찰 때마다 물이 철퍼덕철퍼덕 튀기까지 합니다. 축구를 할 수 없는 건 물론이고 발목까지 물이 찰랑찰랑 차오릅니다. 결국은 운동장 전체가 물에 잠겼습니다. 바닷물이 학교로 넘쳐 흘러 들어온 것입니다.

자코보는 짜증이 납니다. 자기 팀이 두 골 차로 지고 있으니 경

물에 잠기고 있는 아름다운 섬
투발루의 모습

기를 계속해야 이길 수 있는데 도대체 이게 뭔가요. 그러다 은근히 겁도 납니다. 학교에서 조금 떨어진 곳에 있는 집은 괜찮은지, 걱정되는 거지요.

이제 빨리 집에 가야겠습니다. 축구는 결국 점수 5 대 3에서 중단되고 말았습니다. 실컷 놀지도 못하고 경기에서도 진 자코보. 공 대신에 물을 철벅철벅 차대며 걸어가는 자코보의 표정엔 불만과 아쉬움이 잔뜩 묻어 있습니다.

지구 온난화의 재앙

섬나라인 투발루에서는 이런 일이 드문 게 아닙니다. 주변 바닷물의 수위가 갈수록 높아지는 탓입니다. 투발루는 지금 나라 전체가 바닷물에 잠길 위험이 나날이 커지고 있습니다. 주민 모두

가 다른 나라로 이주할 것인가, 아니면 섬에 그대로 남아서 죽을 것인가. 투발로는 머지않아 이 두 가지 길 중에서 하나를 선택해야 할지도 모릅니다.

　투발루는 남태평양의 작은 섬나라입니다. 9개의 산호초 섬으로 이루어진 이 작은 나라는 온 국토를 통틀어 가장 높은 곳이 해발 4.5미터밖에 안 됩니다. 그러니 바닷물이 조금만 높아져도 큰 난리가 나는 건 당연한 일이지요. 이렇게 된 건 지구 온난화 탓입니다. 산업 활동이나 일상생활을 하면서 이산화탄소 같은 온실가스를 지나치게 많이 배출하는 탓에 지구가 점점 더워지는 게 지구 온난화입니다.

　이 지구 온난화가 일으키는 피해는 아주 다양하고 심각합니다. 홍수, 태풍, 가뭄, 강수량 등에 큰 변동과 갑작스러운 혼란을 일으키는 기후 변화가 대표적입니다. 이 때문에 농사짓는 데에도 큰 피해를 끼쳐 식량 생산이 줄어듭니다. 자연 생태계의 질서와 균형도 무너집니다. 특히 바닷물 수위가 점점 높아지고 있습니다. 북극과 남극의 거대한 빙하가 녹아내리고 여러 대륙의

고산지대에 쌓여 있는 만년설이 녹아 강을 통해 바다로 흘러들기 때문이지요.

이미 투발루에서는 바닷물이 뭍으로 자주 흘러넘쳐서 먹는 물로 사용하는 지하수나 농사를 지을 수 있는 땅이 소금기로 오염되고 있습니다. 해변은 깎여 나가고 있고요. 그래서 땅과 물이 갈수록 줄어들거나 못쓰게 되고 있습니다.

이로 말미암은 피해는 한둘이 아닙니다. 예를 들어 이곳 사람이 자주 먹는 것으로 토란과 비슷하게 생긴 풀라카라는 식물이 있습니다. 예전에는 풀라카를 심어 놓고 몇 달 동안 그냥 기다리기만 하면 수확할 수 있었습니다. 그런데 얼마 전부터 이 식물의 바닥 부분이 썩어 간다고 합니다. 바닷물이 땅으로 스며든 결과 흙에 소금기가 많아졌기 때문이지요.

지금 이대로라면 투발루는 앞으로 50년 안에 나라 전체가 바닷속으로 가라앉을 가능성이 높다고 합니다. 주민이 살아남으려면 그 전에 다른 나라로 이주할 수밖에 없습니다. 그렇게 되면 축구를 즐기는 자코보와 친구들의 그 해맑은 웃음도 이 섬에서 사라지게 됩니다.

이 아이들의 미래는 어떻게 되는 걸까요?

환경 불평등과 환경 정의

투발루처럼 위태로운 곳은 한두 군데가 아닙니다. 이를테면 인도양의 조그만 섬나라인 몰디브에도 똑같은 위기가 닥치고 있습니다. 또한 세계 전체를 볼 때 사람이 많이 몰려 사는 곳은 대체로 바닷가에 가까운 낮은 지역입니다. 이런 곳은 땅이 대체로 평평해서 농사짓기도 쉽고 사람이 살기에 여러모로 편리하기 때문이지요.

그런데 바닷물이 1미터만 높아져도 해안선은 무려 1,500미터나 내륙 쪽으로 물러나게 된다고 주장하는 전문가가 많습니다. 이런 상황에서 앞으로 100년 안에 바닷물 수위가 최대 1미터 가까이 높아질 거라는 예측이 계속 나오고 있습니다. 만약에 실제로 그렇게 된다면 수천만 명에서 수억 명에 이르는 사람이 자기 집을 떠나 피난을 가야 합니다.

투발루가 영국의 식민지에서 독립한 건 겨우 30년 전입니다. 이대로라면 투발루는 현대 국가 중에서 역사가 가장 짧은 나라로 기록될 가능성이 높습니다. 지구 온난화의 가장 서글픈 희생자가 되는 거지요. 여기서 투발루가 왜 지구 온난화의 가장 큰 피해자가 되어야 하는가?, 라는 질문을 던질 수 있습니다.

지구 온난화를 일으킨 주범은 산업화와 공업화를 먼저 이룬 이른바 잘사는 선진국입니다. 온실가스를 가장 많이 배출하는 게 이들 선진국이니까요. 이들은 그간 산업과 경제를 발전시키고 풍요를 누리기 위하여 석유와 같은 에너지를 펑펑 쓰면서 엄청난 양의 온실가스를 뿜어냈습니다. 지금도 마찬가지고요.

인구 1만의 조그만 섬나라인 투발루는 농사짓고 물고기 잡으며 사는 사람이 대부분입니다. 이런 데서 온실가스를 얼마나 배출할까요? 거의 배출하지 않는다고 해도 틀린 말이 아니겠지요. 그런데도 정작 온난화의 가장 크고 직접적인 피해는 투발루에 돌아오고 있습니다.

정작 문제를 일으킨 건 선진국인데 그 문제로 고통을 당하는 건 아무런 잘못도 책임도 없는 투발루 같은 곳입니다. 이건 공정하지 않습니다. 옳지 않습니다. 이 세상의 불평등을 보여주는 또 하나의 중요한 사례라고 할 수 있지요.

환경문제와 관련한 이러한 불평등을 '환경 불평등'이라고 부릅니다. 그리고 이것을 약자와 피해자의 편에서 바로잡는 것을 '환경 정의'라고 합니다.

물 폭탄에 휩쓸려간 사람들

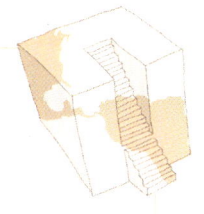

'지구 온난화'로 가장 직접적이고 커다란 타격을 받는 건 가난한 나라의 가난한 사람이다. 대표 사례 중 하나로 아시아 방글라데시의 볼라 섬을 꼽을 수 있다.

이 섬은 온난화 탓에 최근 40년간 섬의 절반이 사라졌다. 볼라 섬이 이렇게 된 데에는 위치 탓이 크다. 이 섬은 히말라야 산맥에서 방글라데시로 흘러드는 강들이 합쳐져 방글라데시 남쪽 인도양 벵골만으로 빠져나가는 길목에 자리 잡고 있다. 그런데 온난화로 히말라야의 만년설과 빙하가 녹으면서 벵골만으로 흘러드는 강물의 양이 급격하게 늘어났다. 그렇게 늘어난 물이 볼라 섬을 강타한 것이다. 이에 더해 태풍도 자주 밀어닥쳤다.

그 결과 이 섬의 기름진 농토가 대규모로 사라지고 말았다. 또 섬 주민의 70퍼센트가 물 폭탄을 맞아 몇 번씩이나 집을 잃는 참사가 일어났다. 그렇게 삶의 뿌리가 뽑힌 사람들은 임시로 아무렇게나 지은 판잣집에서 근근이 살아가거나, 대도시의 빈민촌으로 흘러들어 갈 수밖에 없다. 이 때문에 지금 방글라데시 주요 도시의 빈민촌 인구가 급속도로 늘고 있다. 한마디로 이들은 지구 온난화라는 환경 재앙 탓에 정든 고향에서 쫓겨나 떠돌이가 되어 버린 '환경 난민'이라고 할 수 있다.

또 다른 문제는 온난화로 바닷물 수위가 계속 높아지는 탓에 농사

지을 수 있는 땅이 줄어들고 토양이 오염된다는 점이다. 이곳에서도 투발루와 똑같은 일이 일어나고 있는 것이다. 그 결과 해마다 농경지가 1퍼센트씩 물에 잠겨 사라진다고 한다. 안 그래도 인구밀도 세계 1위의 몹시 가난한 나라인 방글라데시로서는 이런 상황이 고통스러울 수밖에 없다. 그래서 방글라데시 사람들은 이렇게 말한다고 한다.

"우리한테 무슨 죄가 있죠? 지구 온난화를 일으킨 건 잘사는 선진국들인데, 그 피해는 왜 가난한 우리가 몽땅 뒤집어써야 합니까!"

실제로 통계를 보면, 방글라데시의 온실가스 배출량은 세계 전체 온실가스의 0.3퍼센트에 불과하다. 이것은 미국의 뉴욕시보다도 적은 양이다. 지구 온난화를 해결하는 데 선진국의 책임과 의무가 훨씬 큰 이유가 여기에 있다.

살인자로 변한
이웃집
아저씨

유령도시

깜짝 놀란 엠마는 순간적으로 몸이 얼어붙는 것 같았습니다. 지금 막 무서운 광경을 본 탓입니다. 며칠 전까지만 해도 늘 밝게 웃는 얼굴에 친절하기만 했던 이웃집 마이클 아저씨가 사람을 죽이는 것을 본 것입니다.

거의 다 부서진 슈퍼마켓에 수많은 사람이 들이닥쳐 아무것이나 손에 잡히는 대로 물건을 약탈하는 와중이었습니다. 그들은 서로 뒤죽박죽 뒤엉켜 서로 많은 물건을 차지하려고 아귀다툼을 벌이고 있었습니다. 그 사람들 중에 마이클 아저씨도 있었습니다. 열 살밖에 안 된 소녀 엠마는 그저 겁에 질린 채 길 건너편에서 그런 광경을 바라보고만 있었습니다.

그런데 우연히 엠마는 어떤 청년이 마이클 아저씨의 손에 들렸던 물건 봉지를 잽싸게 낚아채 도망치는 걸 보았습니다. 마이클 아저씨는 욕을 해대며 그 청년을 붙잡으려고 달려들었습니다. 하지만 청년은 아저씨를 피해 가게 밖으로 내빼고 말았습니다.

탕!

날카로운 총성이 울린 건 바로 그 순간이었습니다. 화가 머리끝까지 치민 마이클 아저씨가 그 청년을 향해 총을 쏘아 버린 것입니다. 정신없이 달아나던 청년은 등에 총을 맞고서 그 자리에 쓰러졌습니다. 그러곤 아무런 움직임도 없었습니다.

그런데 더 기가 막히는 장면이 엠마의 눈에 들어왔습니다. 마이클 아저씨가 마치 아무런 일도 없었던 것처럼 쓰러져 있는 그 청년에게 다가가 발로 툭툭 차 보고선 아무런 반응이 없자 길바닥에 떨어진 물건 봉지를 주워 그냥 휑하니 가 버린 것입니다. 엠마와 가끔 재미나게 같이 놀아주기도 하던 마이클 아저씨가 어떻게 저런 짓을 저지를 수 있는지, 엠마는 어안이 벙벙할 뿐이었습니다.

어린 엠마는 요 며칠 사이에 갑자기 벌어진 일이 도무지 실감이 나지 않습니다. 평화롭던 마을이 불과 며칠 새 생지옥 같은 곳으로 변해 버렸기 때문입니다. 수많은 사람이 가게를 때려 부수고 약탈합니다. 아무 집이나 불을 지르고 물건을 훔쳐갑니다. 그러는 과정에서 곳곳에서 패싸움을 벌이고 사람도 예사로 죽입니다.

이런 일은 며칠 전 엄청나게 강한 태풍이 엠마가 사는 도시를 덮친 뒤부터 벌어졌습니다. 이 태풍은 도시를 지켜주던 바닷가의 제방을 순식간에 무너뜨렸고, 곧바로 산더미 같은 바닷물이 도시를 집어삼키고 말았습니다. 그 바람에 수많은 사람이 바닷물에 휩쓸려 죽었습니다. 그 많던 건물이나 집도 대부분 무너지거나 부서지고 말았습니다. 간신히 살아남은 사람은 모두 도시 밖으로 피난을 갈 수밖에 없었지요. 아름답고 활기 넘치던 도시가 거리 곳곳에 시체가 즐비하게 떠다니는 '유령의 도시'로 변한 것입니다.

다행히 엠마네 가족은 가까스로 목숨을 건졌습니다. 하지만 태풍과 밀어닥친 바닷물에 집이 온통 부서지는 바람에 더는 도시에 머물 수 없습니다. 마땅히 갈 곳은 없지만 어떻든 이 폐허의 도시에서 탈출해야만 합니다. 그러지 않으면 기다리고 있는 건 굶주림과 두려움과 죽음뿐일 테니까요.

왜 죽은 사람의 대부분은 흑인인가?

이런 일이 벌어진 곳은 어디일까요? 바로 미국입니다.

지난 2005년 8월, 미국 남부의 항구도시 뉴올리언스에 '카트리나'라는 이름의 초대형 태풍이 밀어닥쳤습니다. 도시가 거의 물에 잠기거나 붕괴했고, 죽은 사람과 실종된 사람만 수천 명에 이른 초강력 태풍이었지요.

하지만 이런 피해보다 더 놀라운 것은 카트리나가 휩쓸고 간 뒤 이 도시에서 벌어졌던 끔찍한 일입니다. 바로 엠마가 겪은 일이지요. 평소 평범하고 소박했던 사람이 순식간에 도둑, 깡패, 강도, 살인자로 변해 버렸습니다. 도시 곳곳에서 사람을 죽이고 가게를 약탈하고 불을 지르는 일이 무차별로 일어났습니다.

미국 정부는 질서를 잡으려고 무장한 군인까지 투입했습니다. 이들에게 사람을 총으로 쏘아 죽여도 좋다는 권한까지 주었습니다. 하지만 아무 소용이 없었습니다. 당시의 뉴올리언스는 법도 질서도 문명도 사라진 아수라장이었습니다. 폭력과 살인과 파괴가 판치는 무법천지였던 거지요.

그 뒤 커다란 충격에 휩싸인 여러 학자와 언론 등이 세계 최고 나라라는 미국에서 어떻게 저런 일이 벌어질 수 있는지를 연구하고 분석했습니다. 그렇게 해서 찾아낸 원인이 뭘까요? 그것은 바로 미국 사회에 깊이 뿌리내린 인종 차별과 빈부 격차였습니다. 다시 말해 불평등이 근본 원인이었던 겁니다.

당시 사망자와 피해자의 대다수는 가난한 흑인이었습니다. 뉴올리언스는 전체 주민 중 65퍼센트 정도가 흑인입니다. 그런데 이들의 다수는 이 도시에서도 가장 낮은 지역에 있는 빈민촌에 살았습니다. 땅이 낮은 탓에 평소에도 큰비가 오거나 태풍이 닥치면 물에 잠길 우려가 크고, 그래서 집값이나 집을 빌리는 비용이 싸기 때문입니다.

실제로 당시 카트리나로 집이 물에 잠긴 지역의 흑인 거주 비율은 80~90퍼센트에 이르렀습니다. 이에 반해 뉴올리언스 시내에서 유일하게 물에 잠기지 않은 지역의 흑인 거주 비율은 10퍼센트에 불과했습니다.

가난한 흑인은 주로 하루 벌이 노동자로서 온종일 바쁘게 일하느라 카트리나에 대한 정보를 바로바로 접하기가 어려웠다고 합니다. 또 가난한 흑인 다수는 자동차가 없어서 피난을 가려고 해도 못 간 사람이 많았습니다. 그뿐만 아니라 다른 지역으로 가도 먹고살 길이 막막해서 그냥 체념하며 주저앉은 사람도 많았다고 합니다.

이런 판국에 당시 미국 정부는 흑인을 제대로 돌보지 않았습니다. 오히려 그 반대였습니다. 사태를 수습하는 데 늑장을 부렸고 대처도 충실하게 하지 않았습니다. 대신에 혼란을 일으키는 사람은 총을 쏘아 죽여도 좋다고 했습니다. 전쟁이 터진 것도 아닌데 한 나라의 정부가 자기 나라 국민을 총으로 쏘라고 한 것입니다.

가난한 흑인을 얼마나 업신여기고 무시했으면 이랬을까요. 바로 그래서 당시 흑인과 양심이 있는 미국인은 "백인이 이런 재난을 당했어도 이렇게 대응하겠느냐!"라고 입을 모아 말했던 것입니다.

미국의 불평등과 인종 차별

그렇습니다. 당시 죽은 사람의 대부분은 흑인이었습니다. 대피 시설에서 전기와 물이 끊기고 식량 공급이 부족해 큰 고통을 겪은 사람도 대부분 흑인이었습니다. 동시에, 엠마가 본 것과 같은 범죄행위를 저지른 사람도 대부분 흑인이었습니다. 마이클 아저씨도 엠마도 흑인 동네에 사는 흑인이었지요.

그들의 범죄행위는 두말할 필요도 없이 나쁜 짓입니다. 결코

해서는 안 될 일입니다. 하지만 흑인의 그런 행위는 자신들을 끝없는 가난과 고통으로 몰아넣는 현실 때문에 나온 것이라고 볼 수도 있습니다. 불의하고 잘못된 현실에 대한 참을 수 없는 분노와 절망이 죽음의 벼랑 끝에서 터져 나왔다고 볼 수도 있다는 거지요. 그리고 그 바탕에는 미국이라는 나라를 좀먹고 있는 불평등과 차별이 깔려 있다고 할 수 있습니다.

소득이 일정 기준 아래여서 정상적인 생활을 하기 어려울 정도로 가난한 사람이 전체 인구에서 차지하는 비율을 빈곤율이라고 합니다. 그런데 미국에서 흑인의 빈곤율은 백인의 세 배에 이릅니다. 직장이 없는 실업자 비율은 흑인이 백인의 두 배고요. 일할 수 있는 남자 중에 감옥에 갇혀 있는 사람의 비율은 흑인이 백인보다 무려 8배나 높습니다.

한 나라 안에서 살아가는 같은 국민인데도 이처럼 피부색, 곧 인종에 따라 상류 계층과 하류 계층으로 뚜렷이 나뉘는 겁니다. 불평등은 이처럼 가난한 나라나 후진국에만 있는 게 아닙니다. 나라마다 차이는 있지만 이른바 선진국이라는 나라에도 불평등은 존재합니다. 뉴올리언스의 카트리나 참사는 이런 불평등이나 차별이 사람의 인간성과 양심마저도 철저하게 파괴한다는 것을 생생하게 보여주고 있습니다.

뉴올리언스에 얽힌 흑인의 역사

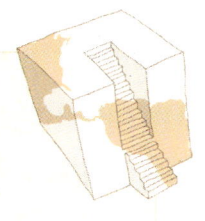

뉴올리언스는 미국 남부 루이지애나 주의 미시시피 강 어귀에 자리 잡은 인구 50만의 항구도시다. 예전엔 목화의 세계적인 수출항으로 번창했다. 미국 남부의 넓은 평야 지대에서 재배하는 목화를 세계 곳곳으로 수출할 수 있는 길목에 이 도시가 있기 때문이다. 그런데 목화 재배는 대부분 흑인의 노예 노동으로 이루어진 것이었다. 흑인의 피와 땀과 눈물을 대가로 하여 발전한 도시가 뉴올리언스인 것이다.

뉴올리언스는 또한 옛날에 백인이 아프리카에서 강제로 끌고 온 흑인 노예를 미국으로 실어 나른 주요 통로이기도 했다. 아프리카에서 붙잡혀 온 흑인 노예는 뉴올리언스에서 내려진 뒤 다시 미국 곳곳으로 끌려가거나 팔려나갔다. 흑인 음악으로 유명한 재즈가 이곳에서 탄생한 것도 이런 역사적 배경 때문이다. 이런 사실에 2005년의 카트리나 참사를 겹쳐서 보면, 이 도시는 예나 지금이나 흑인에겐 참으로 슬픈 사연이 아로새겨진 곳이라고 할 수 있다.

한편, 뉴올리언스는 땅 높이가 바다 높이보다 1.5미터나 낮고 비도 많이 와서 평소에도 물 때문에 피해가 자주 발생하는 곳이다. 이런 조건에서 2005년 카트리나가 그토록 큰 피해를 일으킨 이유 중 하나는 무분별한 개발이다. 뉴올리언스는 그동안 도시를 개발하는 과정에서 해안지대에 넓게 펼쳐진 습지를 지나치게 많이 없애고 망가뜨렸다. 바닷물이 들이닥칠 때 물을 흡수하고 물의 속도와 충격을 낮추어 주는 '자연의 방파제'인 습지가 사라지자 바닷물이 곧바로 도시를 강타했던 것이다.

  2005년 당시 미국이 한창 벌이던 이라크 전쟁도 하나의 원인으로 꼽힌다. 이라크 전쟁에 들어가는 천문학적인 비용을 마련하느라 태풍과 같은 자연재해 대비 예산은 줄여 버렸기 때문이다. 또 태풍이나 홍수와 같은 천재지변이 닥치면 일반적으로 군인이 나서 복구와 지원 작업을 펼친다. 그런데 카트리나 참사 당시는 이런 일을 해야 할 군인과 군 장비의 상당수가 이라크의 전쟁터로 나가 있었다고 한다.

  이렇게 보면 뉴올리언스 참사는 단순한 '자연의 재앙'이 아니다. '인간의 재앙'이기도 하다. 아울러 뉴올리언스 참사는 자연재해나 전쟁과 같은 큰일이 터졌을 때 피해와 고통을 가장 크게 받는 것은 가난하고 힘없는 사람이라는 사실을 잘 보여준다. 뉴올리언스의 흑인이 바로 그들이었다.

3부

불평등은 왜 생길까?

지금까지 불평등과 가난으로 얼룩진 지구촌 곳곳의 현장을 찾아가 보았습니다.

여행을 통해 느꼈겠지만, 수많은 사람이 가난으로 고통받는 것은 그들이 무능하거나

무책임해서가 아닙니다. 게으른 사람이어서도 아닙니다.

굶주림이 판을 치는 것도 식량의 양 자체가 모자라서가 아닙니다.

자연재해가 자주 일어나거나 기후가 나쁘거나 인구가 너무 많아서도 아닙니다.

아마도 이 세상에서 생산되는 모든 식량과 물건을 골고루 나눌 수만 있다면

굶주림이나 가난에 시달리는 사람은 없어질 것입니다.

그런데 왜 이게 이루어지지 않을까요?

여기에는 근본적이고 구조적인 원인이 깔려 있습니다.

불평등이 바로 그것입니다.

유럽의 아메리카 침략과 식민지 지배

　지금 세계에서 가난한 사람의 대다수는 아시아, 아프리카, 라틴아메리카 지역에 몰려 있습니다. 이렇게 된 데에는 역사적 배경이 있습니다. 유럽을 비롯한 서구 강대국의 침략과 이에 따른 식민지 지배가 그것입니다.

　유럽의 여러 나라는 15세기 정도까지만 해도 세계를 지배할 만한 강대국이라고 하기 어려웠습니다. 오히려 중국이 더 강대국이었지요. 중국은 일찍이 나침반, 화약 등을 발명하여 유럽보다 훨씬 먼저 먼바다 항해에 나서면서 무역으로 부를 쌓고 힘을 키웠습니다.

유럽이 본격적으로 강대국이 된 것은 1492년 크리스토퍼 콜럼버스가 아메리카 대륙에 도착한 뒤부터입니다. 콜럼버스는 스페인 왕실의 도움을 받아 대서양을 건너는 먼 항해 끝에 지금의 중부 아메리카 카리브 해에 있는 어느 섬에 도착했습니다. 유럽인이 아메리카 대륙에 첫발을 내디딘 거지요. 비슷한 시기에 포르투갈 또한 새로운 항로를 찾는 과정에서 남미의 브라질에 도착하게 됩니다.

그 뒤 스페인과 포르투갈은 드넓은 아메리카 대륙의 중남부, 즉 라틴아메리카라고 부르는 지역을 서로 많이 차지하려고 치열한 경쟁을 벌였습니다. 그 결과 브라질은 포르투갈이, 그 밖의 나머지 지역은 스페인이 나눠 갖기로 했습니다.

라틴아메리카가 두 나라의 손아귀에 들어가자 영국과 프랑스는 지금 미국과 캐나다가 있는 북아메리카 지역을 넘봤습니다. 결국 영국은 현재의 미국 동부 해안 지역을 차지했고, 프랑스는 캐나다 동쪽을 손에 넣었습니다. 이렇게 해서 아메리카 대륙 전체가 유럽의 지배를 받게 됐습니다.

유럽인은 아메리카 대륙을 지배하면서 온갖 자원과 생산물을 강제로 빼앗아 갔습니다. 금, 은, 향신료 등이 대표적이지요. 이를 통해 유럽은 갈수록 부유해지고 강해졌고, 그렇게 키운 힘으로 세계 곳곳을 침략했습니다. 유럽인은 또 아메리카 대륙 전체에 걸쳐 자신들에게 필요한 농산물을 생산하도록 거대한 농장을 만들었습니다. 그런 농장에서는 자기들이 좋아하지만 기후나 토양이 맞지 않아 유럽에서는 재배하기 힘들었던 사탕수수, 목화, 커피 등과 같은 작물을 생산했습니다.

그런데 그런 큰 농장을 운영하다 보니 일손이 많이 부족했습니다. 농작물을 최대한 많이 생산해서 빼앗아 가야 하는데 아메리카 대륙의 원주민만으로는 그런 욕심을 채울 수 없었던 거지요. 바로 이 때문에 노예가 등장하게 됩니다.

비참한 흑인 노예

　유럽인은 아프리카 전체를 휩쓸고 다니며 흑인을 마구잡이로 잡아 아메리카 대륙으로 끌고 왔습니다. 그리고 이들을 짐승과 다름없는 노예로 부렸습니다. 그 결과 농작물 생산을 크게 늘릴 수 있었습니다. 갖가지 자원도 갈수록 많이 빼앗아 갔습니다.

　유럽인이 노예무역을 본격적으로 시작한 건 16세기 무렵부터입니다. 유럽의 노예 상인은 아프리카의 흑인들을 배에 태워 아메리카 대륙으로 끌고 가 그곳의 유럽 농장 주인들에게 팔았습니다. 그들은 노예를 데려오면서 온갖 잔인한 짓을 다 저질렀습니다.

　그들은 컴컴하고 습기 찬 배의 밑바닥 부분을 잘게 나누어 거

기에 흑인을 콩나물시루처럼 빽빽하게 채워 넣었습니다. 제대로 서 있기도, 움직이기도 힘들 정도로 좁고 더러운 그런 곳에서 흑인들은 쇠사슬에 꽁꽁 묶여 있었습니다. 수많은 흑인이 굶주리거나 병에 걸리거나 질식해서 죽어나갔습니다. 유럽인은 먹을 것과 마실 물을 제대로 주지 않은 것은 물론이고, 툭 하면 채찍을 휘두르거나 아예 죽여 버렸습니다. 그런 지옥 같은 항해에서 간신히 목숨을 건진 흑인 노예들을 기다리고 있는 건 혹독한 노동이었습니다.

또한 유럽인은 자신들이 믿던 기독교를 선교하기 위해 아메리카 대륙 곳곳에서 찬란하게 꽃을 피웠던 여러 문명을 파괴했습니다. 그 결과 잉카문명, 마야문명, 아스텍문명 등이 지구 상에서 영원히 사라지고 말았습니다. 그렇게 백인 침략자는 아메리카 고유의 문화와 전통을 짓밟으면서 식민 통치를 계속해 나갔습니다.

유럽인은 또한 천연두, 콜레라, 홍역 같은 무서운 전염병을 퍼뜨렸습니다. 아메리카의 본래 원주민은 이런 전염병에 대한 면역력이 없었습니다. 그래서 수많은 아메리카 원주민이 이런 병에 걸려 죽었습니다. 유럽인의 총과 대포에 학살당한 사람보다 그들이 퍼뜨린 병에 걸려 죽어간 사람이 훨씬 더 많았지요.

세계의 불평등은 어떻게 시작됐나?

　유럽인은 19세기쯤부터는 전 세계로 식민지 개척을 확장하게 됩니다. 그 결과 아메리카에 이어 아프리카와 아시아의 수많은 지역이 유럽 여러 나라의 손아귀로 들어가게 됐습니다. 스페인과 포르투갈에 이어 영국, 프랑스, 네덜란드, 독일, 벨기에 등이 그런 식민지 침략의 선봉장이었지요. 나중에는 미국도 이 대열에 합류했고요.

　유럽인이 이렇게 한 이유는 두말할 필요도 없이 더 많은 자원과 생산물을 빼앗아 가기 위해서였습니다. 서구 각 나라는 이를 통해 엄청난 부를 쌓을 수 있었고, 그것을 원동력으로 하여 산업화

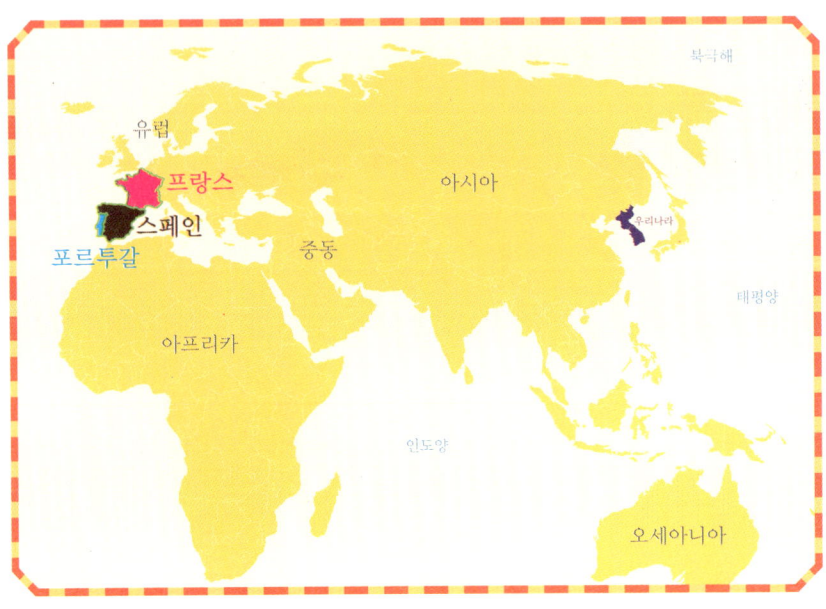

와 경제 발전을 이룰 수 있었습니다. 물론 여기엔 산업혁명의 성공도 큰 영향을 미쳤지요. 오늘날 유럽과 미국 등 이른바 선진국이 지금과 같이 잘사는 나라가 된 역사적 배경이 바로 이것입니다. 하지만 이 과정에서 아시아, 아프리카, 라틴아메리카의 여러 나라는 자신의 독자적인 발전의 길이 가로막힌 채 너무나 많은 것을 **빼앗겨야만** 했습니다.

서구 사람이 식민지에 철도, 도로, 항구, 학교, 병원 같은 것을 많이 만들어 줬으니 오히려 서구가 식민 지배를 받은 나라의 발전에 이바지했다고 주장하는 이들도 있습니다. 그러나 이것은 거짓말입니다. 그들이 그렇게 한 건 자신의 지배와 수탈을 좀 더 효율적이고 손쉽게 하려는 것이었습니다.

예를 들어 철도, 도로, 항만 같은 시설은 자신이 빼앗은 자원과 생산물을 더 많이, 더 빨리 실어 가기 위한 것이었습니다. 학교도 자기 나라의 말과 글만 가르치고 배우도록 강제했습니다. 또 기독교와 같은 자신의 종교와 신앙, 가치관을 식민지 주민에게 강요했습니다.

결국 서구 강대국은 식민지의 '물질'만 강탈한 것이 아니라 식민지 주민의 정신과 영혼까지 파괴하고 빼앗아 가려고 했던 것입니다. 그 결과 수많은 나라에서 조상 대대로 이어져 내려오던 다양한 문화와 전통, 생활양식, 제도와 풍습 등이 사라지거나 변질하고 말았습니다.

이처럼 남의 땅을 침략해서 빼앗고 그곳의 '모든 것'을 강탈해서 자신의 힘과 부를 살찌우는 것을 '제국주의'라고 부릅니다. 오늘날 세계의 불평등이 비롯된 역사적 뿌리는 바로 이러한 서구 강대국의 제국주의 침략입니다.

독립 뒤에도 계속되는 불평등

　1945년 제2차 세계대전이 끝난 뒤, 아시아와 아프리카 나라 대부분은 식민지에서 해방되어 독립했습니다. 라틴아메리카의 여러 나라는 대체로 1800년대 초중반 무렵에 독립했고요. 그러나 꿈에도 그리던 독립을 했지만, 이들의 사정은 그리 좋아지지 않았습니다. 경제는 여전히 어려웠고, 정치와 사회도 불안하기 짝이 없었습니다. 서구 강대국의 식민 지배가 남긴 피해와 상처가 너무 컸기 때문입니다.

　서구 강대국은 식민지에서 물러가는 과정에서 종종 국경선을 자기들 이해와 편의에 따라 마음대로 정해 버렸습니다. 그 때문에

이웃한 나라 사이는 물론 한 나라 안에서도 혼란이 빚어지고 분쟁이 일어나기 일쑤입니다. 또 식민지 시절 서구 침략자 편에 서서 그들을 도우면서 이득을 챙긴 사람의 부정부패와 횡포는 독립 뒤에도 계속됐습니다. 독립한 뒤에 권력을 누가 차지할 것인가를 놓고 내전이나 분쟁이 벌어진 나라도 상당수 있었고요.

이런 와중에 독립한 많은 나라에서 군인 독재자가 무력을 동원해 권력을 차지하는 일이 벌어졌습니다. 이들은 민주주의를 파괴하고 국민을 억압하면서 자신의 욕심을 채우는 데에만 몰두했습니다. 그 결과 독재 정권이 들어선 나라 대부분은 경제를 비롯해 모든 면에서 제대로 된 발전을 이룰 수 없었습니다. 정상적인 사회를 건설하기 어려웠다는 거지요.

이 때문에 서구 강대국의 제국주의 침략 시절부터 굳어진 세계의 불평등 구조는 좀체 개선되지 않고 있습니다. 아시아, 아프리카, 라틴아메리카의 수많은 나라는 아직도 정치, 경제, 문화 등 여러 측면에서 서구 강대국의 강력한 영향력 아래 놓여 있습니다. 그 결과 옛날 식민지 시절과 형태나 정도는 다르지만 자원과 각종 생산물이 불공평하게 서구 강대국으로 빠져나가는 일이 아주 많습니다.

세계화 경제란 무엇인가?

최근 들어서는 이러한 흐름이 더욱 뚜렷해지고 있습니다. 불평등 현상이 세계적으로 더욱 깊어지고 있다는 거지요. 책의 앞부분에서 얘기한 '1 대 99의 사회'라는 말이 이를 잘 보여줍니다.

이렇게 된 가장 큰 원인은 이른바 '세계화'라는 것 때문입니다. 세계화란 무엇일까요? 말 그대로 세계 전체가 하나의 틀로 묶이는 현상을 뜻합니다. 나라 사이 경계의 중요성이 약해지고 특히 경제 분야를 중심으로 세계 전체가 하나로 통합돼 간다는 거지요.

이런 세계화는 무역의 증대, 시장의 확산, 정보통신기술의 발달 등에 따라 나타났습니다. 그러면서 국가 사이에 서로 의존이 깊어지고 영향을 주고받는 흐름이 갈수록 커졌습니다. 특히 상품과 자본의 이동이 국경과는 관계없이 전 지구적으로 자유로워졌습니다. 이리하여 오늘날 경제는 국가에 국한되는 게 아니라 시장이라는 하나의 그물망으로 온 세계와 결합됐습니다. 그리고 이렇게 세계 전체로 넓어진 하나의 시장에서 엄청난 돈을 벌어들이게 된 거대 기업들의 힘이 갈수록 커졌습니다.

베를린에서 쉘 측에 오염시킨 것을 인정하고, 피해를 배상하고, 자연을 정화하라고 촉구하는 시위 모습_국제 앰네스티 제공

이들을 '다국적 기업'이라고 부릅니다. 다국적 기업이란 대체로 본사는 선진국에 있으면서 세계의 수많은 나라에 지사를 두고 전 지구적인 규모로 활동하는 거대 기업 집단을 말합니다. 국가의 경계를 뛰어넘어 활동하는 것을 강조하는 뜻으로 초국적 기업이라 부르기도 하지요.

이런 기업의 가장 크고도 유일한 목적은 돈을 많이 버는 것입니다. 기업은 어떻게든 싼값에 자원과 원료를 사 오고, 어떻게든 적은 임금만 주고 노동자를 고용하며, 어떻게든 비싼 값으로 상품을 팔아 이윤을 최대한으로 남기려고 합니다. 이 과정에서 노동자의 처지나 자연환경의 보전 같은 것은 별로 신경 쓰지 않습니다.

그래서 기업들은 국가의 간섭을 반대하면서 자신들의 활동에 방해되는 거추장스러운 법, 제도, 규제 정책 같은 것을 없애거나 완화하라고 요구합니다. 자신들에게 최대한 자유로운 활동을 보장해 주어야 경제가 성장하고 무역도 늘어날 것이라고 주장하면서 말입니다. 이런 식의 논리를 흔히 '신자유주의'라고 부릅니다.

강한 자에게 유리한 경제

하지만 이것은 '강한 자'에게 유리한 주장입니다. 신자유주의 세계화 경제는 '자유로운 경쟁'을 중요하게 여깁니다. 문제는 자유로운 경쟁만 강조하면 힘 있는 사람만 계속 이기게 된다는 점입니다. 유치원생과 대학생을 똑같은 출발선에 놓고 '자유롭게' 달리기 경주를 시키면 어떻게 되겠습니까. 결과는 불을 보듯 뻔합니다. 지금의 신자유주의 세계화 경제는 이런 식의 경쟁을 벌이자고 주장합니다.

세계화 경제의 핵심 중 하나인 자유무역만 해도 그렇습니다. 얼핏 겉으로는 자유롭게 무역을 하면 무역에 참여하는 당사자가 모두 이익을 얻을 것처럼 보입니다. 서로 필요한 것을 주고받는 것으로 생각하기 쉽지요. 그러나 현실은 그렇게 간단하지 않습니다.

　무역의 조건이나 환경은 자본과 기술, 경제 규모를 비롯해 여러 가지 면에서 우위에 있는 쪽에게 유리하도록 만들어지기 마련입니다. 그래서 힘센 쪽, 강한 쪽이 훨씬 큰 이득을 얻게 됩니다. 반대로 힘이 약한 쪽은 무역을 하더라도 손해를 보거나 설사 이득을 얻더라도 조금밖에 얻지 못합니다.

이를테면 아무리 세계시장이 개방되어도 가난한 나라는 높은 가격에 팔 상품 자체가 별로 없습니다. 그러나 서구 선진국은 가난한 나라한테서 지하자원 같은 원재료를 아주 싼 값에 수입합니다. 이들은 힘이 세기 때문에 원재료의 가격을 자신들이 결정합니다. 그러고선 그 원재료로 갖가지 상품을 만들어 가난한 나라에 비싼 값으로 팝니다.

농산물도 비슷합니다. 부유한 나라는 가난한 나라가 생산한 갖가지 작물을 아주 싼 값에 대량으로 수입합니다. 그리고 그렇게 수입한 농산물을 활용하여 수많은 가공식품을 만들어 전 세계에 다시 팔기도 하고, 가축 사료로 사용해 대량의 고기를 생산한 뒤 판매하기도 합니다. 이 과정에서 생기는 이익의 대부분은 그 농산물의 운송, 무역, 가공, 저장, 판매 등을 맡은 선진국의 거대 기업에 돌아갑니다. 그 식량을 생산한 가난한 나라의 농민에게 돌아가는 몫은 아주 작습니다.

이런 세계화 경제를 최근 들어서는 이른바 '금융 자본'이 주도하고 있습니다. 이것은 실제로 상품을 만들어 사고팔거나 서비스를 거래하는 경제가 아닙니다. 실체가 있는 경제가 아니라는 거지요. 아주 많은 돈을 빌려 주거나, 주식을 사고팔거나, 통화를 거래하거나(미국 돈의 단위인 달러, 유럽 돈의 단위인 유로, 일본 돈의 단위인 엔, 우리나라 돈의 단위인 원 등을 서로 사고파는 것을 말합니다), '파생 금융 상품'이라 불리는 갖가지 금융 관련 상품을 거래하거나 해서 이익을 남기는 경제를 말합니다. 돈이 돈을 버는 일종의 허구적인 경제, 가상의 경제라고 할 수 있지요.

 이런 금융 자본이 판을 치게 된 것은 물건을 만들어서 파는 것과 같은 수고를 들이지 않고도 아주 손쉽게 엄청난 이익을 챙길 수 있어서입니다. '한 탕'만 잘하면 떼돈을 벌 수 있게 된 것입니다. 이 때문에 세계경제 전체가 더욱더 투기적으로 변했고, 큰돈을 손에 쥐고 금융을 지배하는 세력의 횡포가 갈수록 심해지고 있습니다. 다국적 기업이 세계의 부를 긁어모을 수 있는 것도 이런 금융 자본을 활용하여 이들의 도움을 받기 때문입니다. 이처럼 금융 자본이 큰 힘을 행사하는 지금의 세계경제 형태를 '금융 자본주의'라고 부릅니다.

세계화 경제에서 일어나는 일들

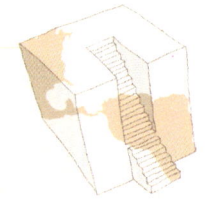

전 세계에서 사용되는 가스라이터의 70퍼센트가 중국의 원저우라는 한 도시에서 생산되어 세계 각지로 수출된다. 미국 사람이 저녁에 피자를 주문하면 인도에 있는 콜센터가 그 주문을 받아서 인터넷을 통해 미국의 해당 지역에 있는 피자 가게 지점으로 주문을 전달한다.

유럽 북쪽의 큰 바다인 북해에서 잡아 올린 새우는 잡자마자 바로 배에서 냉동 상태로 보관된다. 그 배가 항구에 도착하면 냉동된 새우는 즉시 유럽을 가로지르는 냉동차로 옮겨져 지중해와 접하고 있는 아프리카 북부의 모로코로 운송된다. 여기서 껍질을 벗긴 새우는 다시 독일로 보내져 독일 사람에게 판매된다.

이런 모습은 얼핏 보면 낭비인 것 같다. 아주 먼 거리를 이동해가며 생산되고 팔리기 때문이다. 하지만 라이터 회사, 미국의 피자 회사, 독일의 새우 판매회사는 이런 방식으로 비용을 크게 줄여 이익을 극대화할 수 있다. 중국, 인도, 모로코 같은 나라에서 노동자에게 주는 임금은 보통 선진국의 10분의 1에도 미치지 못한다. 이런 식으로 세계화 경제는 기업엔 커다란 이익을 안겨주지만, 후진국 사람의 노동력을 헐값에 활용하고 세계 각지의 자원을 고갈시키며 자연환경을 파괴한다.

불평등과 민주주의

이러한 구조 속에서 세계경제를 지배하는 서구 선진국의 거대 기업과 금융 자본은 갈수록 살이 찌지만, 가난한 나라와 가난한 사람의 형편은 더욱더 어려워지고 있습니다. 중요한 것은 이런 불평등의 문제는 결국 민주주의의 문제라는 점입니다.

민주주의란 한 사회 구성원의 다수가 자신의 뜻에 따라 사회를 운영해 가는 것을 말합니다. 그래서 권력, 부, 사회적 지위 같은 것을 소수 사람이 독차지한다면 그건 민주주의가 아닙니다. 그래서 불평등이 심한 곳에서는 민주주의가 제대로 꽃피기 어렵습니다.

특히 사람이 살아가는 데 가장 기본적인 것은 땅, 자원, 식량 같은 것입니다. 이런 것을 가질 수 있고 이런 것에 접근할 수 있는 권리가 모든 사람에게 공평하게 보장되어야 참된 민주주의라고 할 수 있습니다. 또한 이런 것과 관계된 중요한 결정에 참여할 수 있는 권리가 보장되어야 진짜 민주주의라고 할 수 있지요.

단순한 예로, 내가 먹어야 할 식량이 남의 손에 쥐어져 있다면 어떻게 되겠습니까? 식량 없이는 살 수 없는데 말입니다. 내 땅에 어떤 농작물을 재배할지를 남이 결정한다면 어떻게 되겠습니까? 나는 식구들이 먹을 것을 재배하고 싶은데 말입니다.

또 다른 예로, 어떤 나라에서 생산되는 자원이나 상품이 국민 대다수의 행복을 위해서가 아니라 외국 기업과 극소수 지배 계층의 이익을 위해 사용된다면 어떻게 되겠습니까? 말도 안 되는 얘기죠?

이처럼 민주주의는 단순히 투표나 선거 같은 정치적인 권리만 누린다고 해서 이루어지는 게 아닙니다. 모든 사회 구성원이 세상을 이끌어 가는 주인이 되어 그 사회가 생산한 부를 고르게 나눌 수 있을 때, 즉 경제 차원에서 평등과 정의가 이루어질 때 비로소 진정한 민주주의가 활짝 꽃필 수 있습니다. 그런데 지금 우리의 현실은 이런 민주주의와는 너무나도 동떨어져 있습니다.

가난의 덫, 상품작물!

　이런 현실을 잘 보여 주는 대표 사례가 상품작물입니다. 아시아, 아프리카, 라틴아메리카 곳곳에 있는 플랜테이션에서는 수출용 상품작물을 재배하고 있습니다. 플랜테이션이란 하나의 농작물을 대량으로 생산하는 거대한 농장을 말합니다. 여기서 주로 재배하는 상품작물은 수출용이라서 가난한 나라 현지에서는 거의 유통되지 않습니다. 수출로 발생하는 이익 또한 대부분 선진국 기업의 본사로 보내지며 지역 현지로는 돌아가지 않습니다.

　플랜테이션을 건설하느라 땅이 싼값에 팔리기 때문에 현지 농민은 땅을 잃게 됩니다. 그런데 플랜테이션에서는 그들이 끼니마

다 먹을 수 있는 작물은 생산하지 않습니다. 그래서 가난한 나라에서는 자기 나라 사람에게 필요한 농산물을 외국에서 수입해야 합니다.

자신이 먹을 식량을 자신의 땅에서 생산하면 굶주리지 않아도 될 텐데, 수출만을 위한 농작물을 생산하고 대신에 정작 자신이 먹을 것은 수입하고 있는 것입니다. 그런데 그렇게 수입한 식량을 사 먹을 돈이 충분치 않으니 가난한 나라의 농민이 굶주림에 시달리는 것입니다.

대표적인 상품작물로는 커피, 차, 코코아, 사탕수수, 바나나,

파인애플, 담배, 고무 등을 꼽을 수 있습니다. 그런데 보통 이러한 작물은 공급이 지나치게 많을 때가 자주 있습니다. 경쟁이 치열한 국제무역에선 어떻게든 대량으로 생산해서 많이 팔아야 하니까요. 그 결과 상품작물의 가격은 더욱 내려갑니다. 그럴수록 가난한 나라의 현지 농민에게 돌아가는 몫은 더욱 줄어들기 마련입니다.

또한 비옥한 경작지가 대규모로 상품작물 재배에 사용되다 보니 가난한 농민은 농사를 짓기 어려운 척박하고 메마른 땅으로 내몰리게 됩니다. 그리고 상품작물을 재배하는 과정에서 농약과 비

료가 대량으로 뿌려집니다. 수출을 위해 한두 가지 작물만 대량으로 생산하는 탓에 농약과 비료를 마구 뿌리게 되는 거지요. 그 결과 땅이 망가지고 주변의 자연 생태계가 큰 피해를 보게 됩니다. 선진국이나 국제기구 따위가 제공하는 원조 자금 또한 대부분은 대규모 관개시설 건설과 같이 수출용 작물 재배를 위해 사용됩니다. 그래서 가난한 농민에겐 그다지 도움이 되지 않습니다.

가난한 나라의 농민은 이런 식으로 몰락하게 됩니다. 그래서 이들은 먹고살 길을 찾아 도시로 흘러들어 가거나, 플랜테이션에 고용돼 낮은 임금으로 생계를 잇는 농업 노동자가 될 수밖에 없습니다.

앞에서도 얘기했듯이, 이것은 과거 식민지 시절부터 되풀이되어 온 일입니다. 서구 강대국의 지배자는 식민지 농민에게 자기 나라의 기업과 사람이 필요로 하는 농작물을 경작하도록 강제했습니다. 그 바람에 자신들이 먹을 농작물을 재배하며 자급자족하던 식민지 농민의 생활은 파괴되고 말았습니다. 그래서 자급자족할 수 있는 능력이 있어도 식량을 외국에서 수입할 수밖에 없는 처지로 내몰리게 되는 거지요. 이런 아픈 역사가 오늘날의 세계화 경제 아래에서도 여전히 반복되고 있습니다.

그 많던 옥수수와 쌀은 어디로 갔을까?

　이처럼 농업이 무너져 큰 고통을 겪게 된 대표적인 사례가 멕시코와 필리핀입니다.
　멕시코는 옥수수의 고향입니다. 옥수수 가루를 주원료로 해서 만드는 토티야라는 빵은 멕시코 사람이 즐겨 먹는 주식이기도 하지요. 이처럼 옥수수의 원산지로서 다양한 종류의 옥수수를 온 국민이 먹을 만큼 충분히 생산하던 멕시코가 지금은 옥수수를 미국에서 대량으로 수입하고 있습니다. 옥수수뿐만 아니라 식품의 40퍼센트를 외국에서 수입하고 있습니다. 필리핀은 1980년대 중반까지만 해도 쌀을 자급했습니다. 그뿐만 아니라 쌀을 수출까지

하던 아주 모범적인 쌀 생산국이었습니다. 그런데 지금은 세계에서 쌀을 가장 많이 수입하는 나라로 전락했습니다.

왜 이렇게 됐을까요? 두 나라 모두 자기 나라 사람의 주식인 쌀과 옥수수 농업은 소홀히 한 채 충분한 대책도 없이 농산물 수입을 자유롭게 하는 바람에 외국의 값싼 농산물이 쏟아져 들어왔기 때문입니다. 정부가 농업 보호 정책과 농업 지원 예산을 크게 줄인 탓에 농업의 토대가 무너져 버린 거지요. 그 결과 이 두 나라 사람들은 자신의 생활을 외국의 농산물에 의존하게 됐습니다.

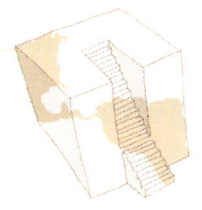

우리나라의 식량 자급은 어느 정도일까?

식량자급률은 나라의 전체 식량 소비량 가운데 국내에서 생산된 식량이 차지하는 비율을 나타낸다.

우리나라의 식량자급률은 27퍼센트에 불과하다. 세계적으로도 아주 낮은 수준이다. 더구나 주식인 쌀을 제외한 식량자급률은 5퍼센트도 안 된다. 특히 밀, 옥수수, 콩 등은 대부분 외국에서 수입한다. 그 결과 우리나라는 세계에서 다섯 번째로 식량을 많이 수입하는 나라가 됐다.

그래서 세계적으로 농작물 생산이나 무역에 문제가 생기면 커다란 타격을 받을 수밖에 없다. 실제로 최근 세계 곳곳에서 흉년이 들고 식량 가격이 크게 올랐을 때 식량 수출을 중단하는 나라들이 있었다. 식량이 부족한 데다 식품 가격이 너무 올라 음식을 구하기 어렵게 되자 먹을 것을 요구하는 폭동이나 시위, 식료품 가게를 약탈하는 사태가 일어난 나라도

가뭄 때문에 쩍쩍 갈라진 우리나라의 논
_농촌진흥청 제공

많았다.

　이에 비해 유럽과 같은 선진국은 식량자급률이 100퍼센트가 넘는 나라가 많다. 자기들이 충분히 먹고도 남을 만큼 식량을 넉넉히 생산하는 것이다. 이런 나라는 자신들의 농업과 농민을 보호하려고 막대한 예산을 쓰고, 정책도 그런 방향으로 시행한다.

　식량을 외국에 크게 의존하면 아무리 돈이 많아도 외국에서 식량을 수출하지 않으면 식량을 구할 길이 없어진다. 그래서 식량자급률을 높이는 것, 이를 위해 농업과 농민을 소중히 여기는 것은 생존을 좌우하는 중요한 문제이다.

다국적 기업의 횡포

　문제가 되는 것은 농작물만이 아닙니다. 부유한 선진국은 가난한 나라의 석유, 광물, 토지 등과 같은 여러 자원을 싼값에 사들이고 현지 사람을 헐값에 부려서 값싼 상품을 대량으로 생산합니다. 그렇게 생산한 상품을 세계 곳곳에 뻗어 있는 판매망을 통해 팔아 치우면서 엄청난 이익을 남깁니다.

　이런 식으로 세계경제를 주무르는 것이 앞에서 말한 다국적 기업입니다. 이들은 지구 상에서 한 해 동안 생산된 모든 부의 절반 이상을 장악하고 있습니다. 단 하나의 다국적 기업이 웬만한 나라의 전체 경제보다 더 많은 돈을 벌기도 합니다. 이런 엄청난 힘이 있기에 이들은 횡포를 부릴 때가 잦습니다. 예를 들어 볼까요?

오늘날 전 세계의 농산물 시장을 장악하고 있는 것은 소수의 거대 다국적 곡물 회사입니다. 이들이 세계에서 유통되는 농산물 가격을 결정합니다. 그 기준은 단 하나, 이윤의 극대화입니다. 이들은 자신의 이익을 위해서 곡물을 시장에 대량으로 풀거나, 아니면 반대로 사재기 등의 수법으로 곡물을 시장에서 대량으로 거두어들이는 방식으로 농산물 가격을 조작합니다. 가격을 높이려면 곡물이 귀해져야 하니까 이들은 엄청난 양의 곡물을 배에 싣고 가서 바다에 그냥 내버리기도 합니다.

한편 거대 다국적 제약 회사는 새로운 약을 개발하기에 앞서 그 약을 사 먹을 수 있는 돈 많은 '고객'이 있는지부터 확인합니다. 수많은 사람의 목숨을 앗아가고 장애나 불구로 만드는 몹쓸 질병이 있어도 이 병에 주로 걸리는 사람이 약을 살 돈이 없는 가난한 사람이라면 이 병을 치료하는 약은 개발하지 않습니다. 개발해 봤자 돈을 벌 수 없으니까요. 이런 다국적 기업이 세계경제를 지배하고 있으니 세계의 불평등은 갈수록 깊어질 수밖에 없습니다.

빚에 허덕이는 나라들

세계의 불평등을 키우는 또 하나의 큰 원인은 빚입니다. 빌린 돈 말입니다. 흔히 '부채' 혹은 '채무'라고 부르지요. 여기서는 편의상 부채라는 말을 주로 쓰겠습니다.

오늘날 많은 가난한 나라와 발전 도중에 있는 나라(개발도상국, 줄여서 개도국이라고 부릅니다)가 부유한 선진국에서 빌린 부채의 수렁에 빠져 허우적거리고 있습니다. 부채 문제는 잘살려는 가난한 나라나 개도국이 선진국이나 국제통화기금(IMF), 세계은행 같은 국제금융기관에서 돈을 빌리면서부터 시작되었습니다.

빌린 돈을 지혜롭게 잘 사용하고 나서 빨리 갚는다면 큰 문제가 없겠지요. 하지만 현실에서 부채는 줄어들기는커녕 갈수록 늘어만 갑니다. 돈을 빌린 나라의 경제가 건강하게 발전하는 게 아니라 경제의 구조나 질서가 뒤틀리고 선진국에 대한 의존이 더욱 심해집니다. 사람의 생활을 풍요롭게 하고 안정시켜 주는 게 아니라 불평등과 가난이 더욱 깊어집니다.

왜 그럴까요? 크게 두 가지 이유가 있습니다.

첫 번째, 돈을 빌린 나라가 벌어들이는 돈은 적은데 나가는 돈, 즉 갚아야 할 부채의 원금과 이자는 많은 탓입니다. 돈을 빌린 나라들은 주로 지하자원이나 농산물을 수출해서 먹고사는 나라들입니다. 그런데 보통 세계시장에서 원자재나 농산물 가격은 내려가지만, 이들 나라가 수입해야 하는 공업제품, 예를 들면 기계, 차량, 의약품, 시멘트 등의 가격은 올라갑니다. 그래서 돈을 빌린 나라가 빚을 갚으려고 또다시 빚을 져야 하는 일도 자주 있습니다.

앞서 말한 상품작물의 문제는 이것과도 관계가 있습니다. 빚을 갚으려면 세계경제에서 큰 힘을 발휘하는 달러와 같은 외화가 필요합니다. 그리고 외화를 벌어들이려면 수출할 수 있는 농작물을 생산할 수밖에 없습니다. 자기 나라 사람이 소비하는 농작물을 재배해서는 외화를 구할 수 없으니 빚을 갚을 수가 없는 거지요.

그래서 굶주림에 허덕이는 나라가 원조로 받는 식량보다 더 많은 양의 식량을 수출하는 어이없는 일이 벌어지기도 합니다.

결국 이렇게 해서 가난한 나라나 개도국이 수출로 벌어들이는 외화의 상당 부분이 부채의 원금과 이자를 갚는 데 바쳐지게 됩니다. 그럼으로써 부채는 가난의 악순환을 계속하게 만드는 덫이

되고 있습니다.

두 번째, 돈을 빌린 나라에서 부패가 기승을 부려 부채가 엉뚱한 곳에 많이 사용되기 때문입니다. 돈을 빌린 나라 중에는 독재자가 권력을 쥔 경우가 많습니다. 이런 나라에서는 부채가 권력자와 지배 계층을 비롯한 극소수 특정 세력의 이득을 위해 사용될 때가 잦습니다. 이들은 막대한 돈을 빼돌려 자신의 개인 호주머니를 불리기도 합니다.

이처럼 독재 정권이 국민이 아니라 자신의 이익을 위해 사용하는 부채, 국민을 가난과 고통에 빠뜨리는 부채를 '부당한 부채' 또는 '추악한 부채'라고 합니다. 오늘날 적잖은 사람이 이런 부채는 갚지 않아도 된다고 주장하고 있습니다.

피해는 가난한 사람에게 집중된다

　이런 부채 때문에 가장 큰 희생과 고통을 당하는 것은 가난한 사람입니다.
　국제 금융기관이나 부유한 나라는 돈을 빌려줄 때 대체로 다음과 같은 조건을 붙입니다.
　첫째, 상품작물의 수출을 중심으로 하는 경제를 만들게 합니다.
　둘째, 정부의 재정 지출을 줄이게 합니다. 그 결과 보통 교육과 의료 같은 복지 분야, 농업에 대한 지원금과 보조금 같은 것이 많이 줄어들게 됩니다. 또 철도, 전기, 수돗물, 우편 업무 등 생활의 편의를 위해 공적인 일을 담당하는 기업이나 기관을 민간에 팔 아넘기게 됩니다. 학교와 병원 같은 곳도 점차 돈 많이 버는 것을 목표로 하게 됩니다.

셋째, 외국에 대해 시장을 개방하게 합니다. 그 결과 외국의 자본이나 상품이 물밀 듯이 밀려들어 오게 됩니다. 또 경제 활동의 자유를 명분으로 기업이나 시장에 대한 규제를 최대한 없애게 합니다. 그 결과 기업들은 돈만 많이 벌면 될 뿐 다른 문제는 신경을 안 써도 되게 됩니다.

이렇게 하는 까닭은 두말할 필요도 없이 돈을 빌린 나라가 빚을 잘 갚도록 하기 위한 것입니다. 그런데 이렇게 하면 일반적으로 다음과 같은 일이 벌어집니다.

음식 값, 기름값, 교통비, 수도료, 전기료 등이 크게 오릅니다. 학교와 병원도 돈이 많이 있어야 갈 수 있게 됩니다. 농업이 무너지니 농부는 고향을 떠나 도시의 빈민가로 흘러들게 됩니다. 식량을 자급하던 나라가 식량 수입국이 되고, 가난한 사람은 식품을 사기가 어려워집니다. 목재나 각종 지하자원이 마구잡이로 개발되어 숲을 비롯한 자연 속에서 살아가던 사람의 생활이 망가집니다. 수많은 공무원이 해고되는 바람에 실업자가 많이 늘어납니다.

이런 식입니다. 부채 탓에 가장 큰 희생양이 되는 것은 빚을 진 나라의 가난한 사람이라는 거지요.

브라질의 예를 한 번 볼까요? 1980년대 초반 국제통화기금(IMF)에서는 브라질에 돈을 빌려주면서 정부의 재정 지출을 크게 줄이라고 강요했습니다. 그 때문에 브라질 정부는 당시 대대적으로 벌이고 있던 홍역 예방주사 접종 사업을 중단할 수밖에 없었습니다. 그 결과 브라질에서는 홍역이 무서운 속도로 퍼져 나가 결국 예방주사를 맞지 못한 수만 명의 아이가 목숨을 잃고 말았습니다. 부채가 수많은 아이를 죽인 셈이지요.

불평등과 가난의 뿌리, 세계화 경제

　지금까지 세계적 차원에서 빈곤과 불평등의 주범인 상품작물과 부채의 문제를 살펴보았습니다. 이 두 가지의 뿌리가 바로 세계화 경제입니다.

　돈벌이를 목적으로 하는 기업의 이해관계에 따라 전 세계가 하나의 경제 단위로 통합됐습니다. 그에 따라 기업이 요구하는 대로, 다시 말해 기업에 유리한 쪽으로 세상의 질서와 규칙이 바뀌었습니다. 이것은 약자보다는 강자를 위한 것입니다. 가난한 사람보다는 부자를 위한 것입니다.

　이러한 세계화 경제는 오늘날 많은 사람을 점점 더 가난하게 만

Globalization

들고, 극소수의 부자를 더욱더 부자로 만듭니다. 이것은 한 나라 안에서도 그렇고, 나라와 나라 사이, 지역과 지역 사이에서도 그렇습니다. 불평등이 갈수록 깊어지는 것입니다.

4부

불평등을 해결하려면?

자 그럼,

이런 불평등 문제를 해결하려면

무엇을 어떻게 해야 할까요?

그리고 내가 구체적으로 할 수 있는 일은 무엇일까요?

이제부터 이에 대해 알아보겠습니다.

아프리카의 우물과 네팔의 수차(水車) 이야기

　가난한 나라에 도움을 주는 방법 중 쉽게 떠올릴 수 있는 것은 원조입니다. 원조란 가난한 나라나 가난한 사람에게 돈이나 식량, 물건 등을 직접 보내주는 것을 말합니다. 학교, 병원, 발전소, 댐, 우물 같은 것을 지어 주기도 합니다. 이런 원조는 아주 중요하고 소중합니다. 굶주림이나 어려움에서 벗어나게 해 주고, 현지 사람에게 필요한 것을 직접 제공해 주는 것이니까요.

　하지만 원조가 만병통치약은 아닙니다. 예를 한 번 들어 볼까요?

　물이 부족한 아프리카의 시골 마을에 우물을 파주면 큰 도움이

됩니다. 그런데 매일 수많은 사람이 우물에 달린 수동 펌프를 눌러 대다 보면 부품이 금방 닳아 버리거나 고장이 납니다. 그러면 부품만 교체하거나 고장 난 부분을 수리하기만 하면 됩니다. 하지만 현지에서는 부품을 구할 수도 없고 고장을 수리할 기술자도 없습니다. 그러다 보니 큰돈을 들여 우물을 파 주어도 2년만 지나면 사용하지 못하게 되는 일이 자주 일어납니다.

아프리카에 논을 만들어 주기도 합니다. 그런데 논농사에는 물이 많이 들어갑니다. 그 결과 논 주변의 농가나 마을에 물이 부족해지기도 합니다. 이 때문에 아프리카 어느 마을에서는 화가 난 이웃 농민이 논에 불을 질러 버리고, 그렇게 옥신각신하는 과정에서 사람이 죽는 일까지 있었습니다. 논을 만들어 주기 전에 물 문제를 어떻게 할지를 깊이 생각하지 않은 탓에 벌어진 일이지요.

네팔에서 벌어지는 일도 귀담아들을 만합니다. 네팔의 전기세는 매우 비싸다고 합니다. 네팔의 발전소 대부분이 '개발 원조'라는 이름으로 선진국의 돈을 빌려 건설됐는데, 그 빚을 갚는 데 전기요금을 써야 하는 탓입니다.

히말라야 산맥을 끼고 있는 네팔에는 수천 개의 크고 작은 강들이 있습니다. 이처럼 풍부한 수자원은 수력발전을 하기에 아주 좋은 조건입니다. 하지만 네팔에서 전기를 사용하는 사람은 전체 인

진흙과 오염물이 뒤범벅이 된 웅덩이 물. 이곳에서 구할 수 있는 유일한 물이다.(케냐 마사이족) _ 굿피플 제공

유럽 여기저기를 떠돌아다니는 유랑민인 '집시'는 오염된 물을 식수로 쓴다. _ 국제앰네스티 제공

구의 15퍼센트에 불과합니다. 세계 여러 나라가 네팔에 수력발전을 위한 개발 원조를 하는 이유가 여기에 있습니다.

그런데 이런 일이 생겼습니다. 네팔의 쿨레카니 수력발전소는 일본이 지원해서 건설한 것으로, 네팔 총 발전량의 40퍼센트를 담당합니다. 한데 이 발전소가 1993년 집중호우가 쏟아졌을 때 많이 부서지고 말았습니다. 그 결과 이 발전소는 애초 계획에 훨씬 못 미치는 이익밖에 내지 못하게 됐습니다. 그렇지만 네팔은 발전소를 건설하느라 빌린 거액의 빚을 계속 갚아 나갈 수밖에 없습니다. 전기요금이 비싸진 까닭입니다.

그래서 많은 사람이 막대한 돈이 들어가는 커다란 댐을 건설해 수력발전을 할 게 아니라 현지 사정에 맞는 방법을 찾아야 한다고 주장했습니다. 네팔 곳곳의 작은 하천에는 예전부터 물레방아와 비슷한 '가타(ghatta)'라는 이름의 수차(水車)가 설치돼 있습니다. 이것은 쌀을 찧거나 밀가루를 만들거나 겨자기름을 짜는 데 쓰입니다. 그런데 누군가 이것을 고쳐서 전기를 만들어 보자고 제안했습니다. 오랜 노력과 시도 끝에 결국 낮에는 쌀을 찧거나 밀가루를 만들고 밤에는 전기를 만드는 다목적 수차가 개발됐습니다. 지금은 1,000곳이 넘는 마을에 이 다목적 수차가 설치되어 많은 사람에게 큰 도움을 주고 있다고 합니다.

좋은 원조란 무엇일까?

　이러한 사례를 보면 원조의 문제점이 무엇인지를 짐작할 수 있습니다. 사실 원조를 통한 개발 사업 계획은 대부분 원조를 하는 국제기구 본부나 선진국의 대도시에서 이루어집니다. 현지 사정에 잘 맞지 않는 계획이 나올 가능성이 높은 거지요.

　또 원조 자금이 현지 주민의 실질적인 생활 개선이 아니라 원조 업무를 수행하는 사무실 유지비와 직원 월급으로 사용되는 일도 많습니다. 종종 권력자나 관리에게 뇌물로 흘러들어 가기도 합니다. 식료품 원조에도 부작용이 있습니다. 원조를 통해 공짜로 제공된 식료품이 현지 시장으로 흘러들어 가는 바람에 그곳의 식료

품값이 크게 떨어지고, 그 결과 그 지역의 농업과 농민이 피해를 보기도 합니다.

이처럼 지원하는 쪽의 편의를 중심으로 진행되는 원조는 성과를 제대로 내기 어렵습니다. 스스로 자기 지역의 미래를 만들어 가고자 하는 현지 주민의 노력에 흠집을 내기도 합니다. 원조에 대한 의존심을 키울 수도 있고요.

그래서 원조를 할 때 불쌍하니까 도와주고 베풀어 준다는 식의 일방적이고 오만한 생각은 버리는 게 좋습니다. 진정한 원조는 지역 현지의 사정에 맞고, 그 지역의 가능성을 살리며, 지역 사람이 원하는 내용과 방식으로 하는 것입니다. 서구의 선진국이 겪은 개발 과정을 그대로 따르는 것은 올바른 원조가 아닙니다. 네팔에 대규모 댐을 짓는 것이 경솔한 선택이었듯이 말입니다.

세계 곳곳의 사람은 자기 지역에서 스스로 살아갈 힘과 지혜가 있습니다. 참된 원조는 현지인 안에 있는 바로 이러한 가능성을 살리고 키우는 것입니다. 그 가능성을 이끌어 내서 그들 스스로 자신의 미래를 힘차게 개척해 나가도록 하는 것입니다.

가난하고 어려운 사람에게 따뜻한 도움의 손길을 내미는 것은 참으로 아름답고 소중한 일입니다. 다만 그런 도움이 일시적인 반짝 효과만 내거나 겉으로만 그럴싸해 보이는 것으로 끝나면 안 되겠지요. 도움의 가장 높은 경지는 더는 도움이 필요하지 않게 해 주는 것입니다. 유대교에서 전해 내려오는 가르침 중에 '물고기를 주지 말고 물고기 잡는 법을 가르쳐 주어라.'라는 말이 있습니다. 물고기만 주면 그날 하루의 양식은 될 수 있겠지요. 하지만 물고기 잡는 법을 터득하면 평생 자신의 힘으로 스스로 살아갈 수 있습니다.

그렇습니다. 해당 지역 주민이 스스로 자립하는 경제를 건설하고, 자신의 힘과 의지로 생활을 당당하게 일구어 나가도록 하는 것, 바로 이것이 진정한 원조입니다.

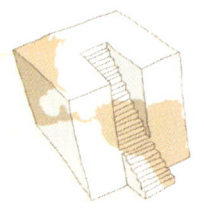

수많은 사람을 가난에서 구한 아프리카 펌프 이야기

아프리카에서 무려 66만 명을 가난에서 구해낸 희한한 물건이 있다. 농부가 발로 밟아서 농작물에 물을 공급할 수 있도록 만든 '슈퍼 머니메이커(Super Money Maker)'라는 펌프가 그 주인공이다. 아프리카의 가난한 농촌 마을에는 전기나 부품이 부족한 탓에 지하수를 끌어올릴 수 있는 값비싼 전동 펌프를 설치해 주어도 별로 쓸모가 없다. 그래서 슈퍼 머니메이커처럼 발로 밟는 것과 같은 사람의 힘으로 물을 끌어올릴 수 있는 페달 달린 펌프가 훨씬 요긴하다.

아프리카의 가난한 농촌에는 전기시설이 없는 곳이 아주 많다. 하지만 농작물 생산을 늘리려면 어떻게든 물을 끌어와야 한다. 이런 현실에서 슈퍼 머니메이커는 사람의 힘으로 페달을 밟아 지하 7미터에 있는 물을 지상 14미터까지 끌어올릴 수 있고, 옆으로는 200미터를 이동해 2에이커에 해당하는 땅에 하루면 물을 공급할 수 있다. 가격이 좀 비싸긴 하지만 사용한 사람들의 얘기에 따르면 사용하기 시작한 뒤 여섯 달 만에 구입비가 회수됐고, 1년간 수익은 다섯 배 이상 늘었다고 한다.

이런 제품을 만드는 기술을 '적정기술'이라고 부른다. 즉, 가난한 나라의 가난한 사람들이 더 잘살 수 있도록 현지 상황과 조건에 적합하게 설계하고 고안한 과학기술이 바로 적정기술이다. 좋은 일에 돈을 쓰고자 하는 어느 회사가 개발한 슈퍼 머니메이커는 케냐, 탄

자니아, 말라위 등지에 20만 5000여 대가 보급됐고, 66만 명이 넘는 아프리카 사람들을 가난에서 벗어나게 해 주었다. 가난한 사람을 경제적 자립으로 이끌어주는 참된 원조의 모습을 이런 적정기술의 사례에서 찾아볼 수 있다.

행복에 대한 새로운 생각

가난의 반대말은 뭘까요? 물질적으로 부유한 것일까요? 어느 정도는 분명히 그렇습니다. 실제로 성직자나 수도승이 아닌 평범한 사람이 만족스럽고 편안한 생활을 하려면 일정한 수준 이상의 경제적 수입과 물질적 조건이 갖추어져야 합니다. 하지만 그게 다는 아닐 듯합니다.

앞에서 우리는 세계 곳곳에서 가난과 불평등에 시달리는 다양한 사람을 만나 보았습니다. 그들이 진정으로 원하는 게 뭘까요? 궁궐처럼 호화로운 집에서 돈을 물 쓰듯 하면서 흥청망청 낭비하고 사치하며 사는 걸까요? 물론 이렇게 사는 걸 원하는 사람도 있을 것입니다. 하지만 대다수 사람은 그럴 것 같지 않습니다.

그들이 원하는 것은 혹시 사랑하는 가족, 친구, 이웃과 함께 생계에 대한 별다른 걱정 없이 오순도순 평화롭고 단란하게 살아가는 게 아닐까요? 자기가 하고

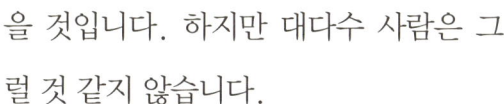

싶은 일, 자기가 잘하는 일을 하면서 발전해 나가는 게 아닐까요? 돈과 권력, 출세 같은 것에 목을 매며 죽기 살기로 경쟁하기보다는 서로 어깨동무하며 즐겁고 명랑하게 사는 게 참 행복이 아닐까요?

이 지구 상의 모든 나라와 사람이 지금 서구의 선진국이 도달한 물질적 풍요를 누리는 것은 가능하지도 않고 바람직하지도 않습니다. 앞에서 보았듯이 서구가 부유해진 것은 세계 각지의 자원과 사람을 가혹하게 착취한 결과입니다. 가난과 불평등을 없애려면 어느 수준 이상의 경제 발전은 필요합니다. 그러나 그것이 서구 선진국이 걸어온 길을 그대로 따라가는 것이어서는 곤란합니다. 사람과 자연과 공동체를 파괴하는 개발 중심의 경제성장은 가난이나 불평등의 현명한 해결책이 아닙니다.

오히려 이런 식의 성장이나 개발은 소수 사람에게는 이득을 안겨줄지 몰라도 대다수 사람을 가난과 불평등에 빠뜨릴 수 있습니다. 새로운 길, 새로운 방법을 찾아야 합니다. 풍요와 가난, 행복에 대한 새로운 생각이 필요합니다.

불평등 문제의 해결 과제

　불평등을 없애거나 줄이기 위해 가장 중요한 것은 부의 분배를 고르게 하는 일입니다. 그래서 부가 특정한 사람이나 계층에 집중되는 것을 최대한 막아야 합니다.

　이를 위해서는 모든 사회 구성원의 삶의 질을 높이고 모두 안정되고 안전한 생활을 하도록 사회복지를 튼튼하게 강화하는 것이 중요합니다. 특히 가난한 사람과 약자에 대한 배려가 핵심입니다. 이런 사회복지는 일차적으로 정부의 정책을 통해 이루어질 수 있습니다. 일반적으로 가난한 사람보다 돈을 많이 버는 기업이나 개인한테서 세금을 더 많이 걷어 사회 전체를 위한 일에 쓰지요.

아울러 가난한 사람들에게 더 많고 더 좋은 교육 기회와 안정적인 일자리를 제공하는 것이 필수적입니다.

그래서 이런 복지를 중요하게 여기고 강력하게 실천할 수 있는 정부를 만드는 것이 중요합니다. 또 이런 정치인을 많이 선출해야 하겠지요. 국회의원 같은 사람 말입니다.

이것은 모든 나라에 두루 적용되는 얘기입니다. 각각의 나라가 가난한 사람과 약자를 위한 사회복지를 중시하는 더욱 민주적이고 정의로운 사회로 바뀌어 나간다면 불평등 문제도 크게 개선될 수 있을 것입니다. 이렇게 보면 불평등 문제는 경제문제인 동시에 정치문제이고 사회문제이기도 합니다. 앞에서 민주주의를 강조한 까닭이 여기에 있습니다.

그런데 이런 노력은 대체로 한 나라 안에서 이루어지는 것입니다. 하지만 세계적 차원에서 불평등이나 가난 문제를 해결하기 위해서는 잘못된 세계경제 체제를 바꾸어야 합니다. 그래서 오늘날 번창하고 있는 세계화 경제를 변화시키는 것이야말로 아주 중요한 일입니다. 탐욕과 이기심에 사로잡혀 돈벌이만을 추구하는 경제를 바꾸어야 합니다.

대신에 사람과 사람, 사람과 자연이 더불어 살아갈 수 있는 새로운 경제를 만들어 가야 합니다. 서로 피 터지게 경쟁하면서 다른 사람을 싸워 이겨야 할 적으로 여기는 게 아니라 서로 협동하고 연대하고 배려하는 대안의 경제를 일구어 나가야 합니다.

방금 말했듯이 이런 경제는 무엇보다 수많은 사람이 땀 흘려 일해서 일군 부를 소수의 특정 계층이나 사람이 독차지하지 않는 경제입니다. 이것은 나라 사이에도 마찬가지입니다. 어떤 나라에서 생산된 부를 다른 힘센 나라나 거대한 다국적 기업이 부당하게 빼앗아 가는 경제가 있다면 그건 아주 잘못된 것입니다. 지금의 세계화 경제가 바로 그러합니다.

또한 이런 경제는 외부에 지나치게 의존하지 않고 자신의 힘으로 발전해 나가는 경제입니다. 물론 외국과의 경제관계나 무역은 필요하고 소중합니다. 하지만 우리에게 필요한 것은 되도록 우리가 스스로 만들 수 있는 경제가 튼튼한 경제입니다. 우리가 쓰는 돈이 바깥으로 자꾸 빠져나가는 것이 아니라 우리나라 안에서 순환하는 경제가 건강한 경제입니다. 특히 식량의 자립과 이를 위한 농업은 국민 전체의 생존과 직결되기에 아주 중요합니다.

또한 이런 경제는 각 나라와 각 지역의 고유한 실정에 맞는 경제입니다. 이것은 나라와 지역이 저마다 가지고 있는 장점과 특성을 최대한 살리는 경제를 말합니다. 온 세상을 단 하나의 질서나 논리로 획일화시키는 경제는 강자에게 유리한 경제입니다. 지금의 세계화 경제가 그렇습니다. 환경 위기를 얘기할 때 아주 중요한 주제 중의 하나가 생물 다양성입니다. 경제도 다양한 것이 좋습니다.

아울러 이런 경제는 자연의 소중함을 고려하고 에너지와 자원을 마구잡이로 낭비하지 않는 경제입니다. 오늘날 지구 온난화를 비롯한 전 세계적인 환경 위기와 석유 고갈과 같은 에너지 위기 사태는 지금까지 인류가 추구해 온 경제활동 방식이 틀렸다는 것을 잘 보여 주고 있습니다. 무작정 대량으로 생산하고 대량으로 소비하고 대량으로 내다 버리는 경제는 이제 더는 가능하지도 않고 바람직하지도 않습니다.

또한 이런 경제는 경제의 중요한 주체인 기업이 사회적인 책임을 다하는 경제입니다. 어린이에게 가혹한 노동을 강요하고, 자연과 자원을 마구 파괴하고 착취하며, 에너지를 지나치게 낭비하는 기업은 이제 바뀌어야 합니다. 인권과 환경을 중시하고, 좋은 일자리를 많이 만들어 내며, 돈을 버는 만큼 정직하게 세금도 많이 내는 기업이 많아져야 합니다.

이런 새로운 경제를 만들기 위해 가장 필요한 건 뭘까요? 그것은 바로 우리 모두의 관심과 참여, 그리고 실천입니다. 이런 경제는 저절로 만들어지지 않습니다. 기업은 스스로 바뀌지 않습니다. 우리 스스로 만들어 내고 바꾸어 나가야 합니다. 이것이 바로 민주주의를 실천하는 길입니다. 이를 통해 자신이 속한 나라와 사회를 보다 정의롭고 평등한 세상으로 바꾸어 나가야 합니다. 그리고 이런 노력이 세계적으로 퍼져 나갈 때 지구촌의 불평등과 가난은 사라질 수 있습니다.

내가 할 수 있는 일 몇 가지

이런 얘기가 너무 거창하게 들리나요? 이제 우리가 일상생활에서 실천할 수 있는 일이 무엇인지를 한번 알아볼까요?

첫째, 가난한 사람을 직접 도울 수 있습니다. 지구촌의 가난한 아이, 가혹한 노동에 시달리고 있는 아이를 후원하는 것이지요. '기부'라고도 하지요. 후원금을 보내도 되고, 옷이나 학용품 같은 물건을 보낼 수도 있습니다. 하지만 앞서 얘기했듯이 후원을 할 때에는 현지 사람이 절실하게 필요로 하는 것을 제대로 전달할 수 있도록 주의를 기울이는 게 좋습니다.

지구촌의 가난한 아이를 후원하는 방법

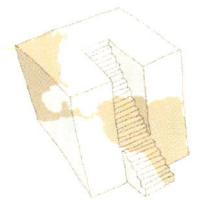

국제적으로 어린이를 위해 활동하고 있는 단체에 후원금이나 물품을 보내면 된다. 부모님께 말씀드려 부모님께서 후원하도록 할 수도 있고, 자신의 용돈을 아껴 직접 참여할 수도 있다. 이런 활동을 펼치는 대표적인 단체의 이름과 인터넷 홈페이지는 다음과 같다.

- ♥ 국제앰네스티: www.amnesty.or.kr
- ♥ 굿네이버스: www.goodneighbors.kr
- ♥ 굿피플: www.goodpeople.or.kr
- ♥ 지구촌나눔운동: www.gcs.or.kr
- ♥ 한국월드비전: www.worldvision.or.kr

국제앰네스티(Amnesty International)

1977년 노벨평화상, 1978년 유엔인권상을 수상한 국제앰네스티는 국적, 인종, 신앙의 차이를 초월하여 활동하는 비정부기구(NGO)이다. 1961년 설립된 뒤 지금까지 전 세계 150여 나라, 300만 회원 및 지지자와 함께 인권 실태조사와 캠페인을 수행하는 세계 최대 인권단체이다.

굿네이버스(Good Neighbors)

1991년 한국인에 의해 설립된 국제 구호개발 비정부기구(NGO)로서 국내, 북한 및 29개 해외 사업국에서 전문 사회복지 사업과 구호개발 사업을 활발히 수행하고 있다. 굶주림 없는 세상, 더불어 사는 세상을 만들고자 하며, 빈곤, 재난, 억압으로 고통 받는 이웃의 인권을 존중하고 그들이 희망을 갖도록 북돋우어 자립적 삶을 살아갈 수 있도록 돕는 일을 한다.

굿피플(Good People)

굿피플은 한 사람 한 사람의 나눔 실천이 실질적인 희망의 실현이 될 수 있도록 국경을 초월한 체계적이고 전문적인 도움을 제공하기 위해 1999년 한국에서 설립된 국제 구호개발 비정부기구(NGO)이다. 유엔(UN) 경제사회이사회 특별협의지위 NGO로 국내와 북한, 해외 21개국에서 가난·재난·전쟁·질병으로 고통 받는 이웃, 문명과 정부기관의 보호로부터 소외된 소수 종족들을 돕는다. 가난 퇴치, 긴급구호, 질병 예방, 치료, 교육, 식수 개발, 아동 보호, 1:1아동 결연, 미래 시민교육, 결식아동 지원 사업 등을 전개해 더불어 사는 지구촌 건설을 실현하고 있다.

월드비전(World Vision)

월드비전은 1950년 전쟁으로 폐허가 된 한국을 돕고자 태어났으며, 현재 100여 개 나라에서 지구촌 이웃 1억여 명을 돕는 국제 구호개발 비정부기구(NGO)이다. 월드비전은 지구촌의 모든 어린이가 풍성한 삶을 살 수 있도록 전문적인 국내 및 북한 사업, 국제개발, 긴급구호, 옹호 사업을 펼치고 있다. 특별히 한국월드비전은 1991년 도움을 받던 나라에서 주는 나라가 되었다.

둘째, 공정 무역 제품을 사는 것입니다. 공정 무역 제품이란 어떤 물건을 만드는 과정에서 인권이나 환경을 파괴하지 않고, 생산자에게 적절하게 보상해 주는 제품을 말합니다. 공정 무역은 가난한 생산자에게 노동에 걸맞은 임금과 좋은 노동 조건을 보장하고, 생산자가 경제적으로 안정된 생활을 할 수 있도록 지원합니다. 또 공정 무역 제품의 판매로 생기는 수입 일부는 학교와 병원 건설, 농기구 구매와 같이 현지에서 필요로 하는 일에 쓰입니다.

공정 무역 제품은 옷, 옷감, 스카프, 액세서리, 운동화, 축구공, 수공예품, 잼, 설탕, 소금, 꿀, 커피, 주스, 홍차, 초콜릿 등 아주 다양합니다. 인터넷이나 공정 무역 제품을 취급하는 상점에서 살 수 있습니다. 자세한 정보를 직접 알아보기 어려우면 부모나 선생님에게 도움을 청하면 어떨까요?

셋째, 좋은 생활 습관을 기르는 것입니다. 에너지나 물건을 낭비하지 않고, 식생활을 개선하고, 환경보호를 실천하자는 거지요.

어린이를 혹사하는 등 인권을 침해하거나 환경을 파괴하면서 만든 제품은 사지 않습니다. 세계화 경제는 낭비와 대량 소비를 부추기므로, 에너지나 물건을 절약하는 것은 세계화 경제를 바꾸는 일에 도움이 됩니다. 대신에 무엇이든 오래 쓰고, 고쳐 쓰고,

나눠 쓰고, 재활용하는 습관을 들이는 게 좋습니다.

또한 앞에서 상품작물, 농업, 식량 자립에 대해 얘기를 했는데, 이와 관련해서는 유기농 음식과 제철 음식, 자기 고장에서 난 음식을 많이 먹는 게 좋습니다. 햄버거 같은 패스트푸드는 건강을 생각해서라도 되도록 안 먹어야겠지요. 음식물 쓰레기를 줄이고 고기를 덜 먹는 것도 중요합니다. 이런 노력은 당장 눈에 보이는 효과는 작을지 모릅니다. 하지만 이를 통해 자연과 농업을 살리고 음식 문화를 바꾸어 나가는 것은 세상을 움직이는 또 하나의 커다란 실천입니다.

넷째, 불평등과 빈곤 문제에 대해 좀 더 자세히 알아보고, 친구나 부모님과 얘기도 나누며, 나아가서는 친구와 모임을 만들어 공부하고 토론하는 것입니다. 관련된 자료나 책은 인터넷과 도서관 등을 통해서도 구할 수 있고, 부모님이나 선생님의 도움을 받아 구할 수도 있겠지요.

좀 전에 우리 자신의 참여와 관심, 실천이 있어야만 잘못된 현실을 바꾸고 불평등과 가난을 없앨 수 있다고 강조했습니다. 더 깊이 공부하고 토론하는 것, 그럼으로써 주변 사람과 뜻과 마음을 나누는 것은 이러한 노력의 소중한 첫걸음이 될 수 있습니다.

도움받은 책
(가나다순)

- "굶주리는 세계" 프랜시스 라페 외 지음, 허남혁 옮김, 창비 펴냄, 2003
- "그 많던 쌀과 옥수수는 모두 어디로 갔는가" 월든 벨로 지음, 김기근 옮김, 더숲 펴냄, 2010
- "나는 어린이 노동자" 국제앰네스티 일본지부 지음, 황미숙 옮김, 현암사 펴냄, 2012
- "나는 어린이 병사" 국제앰네스티 일본지부 지음, 조미량 옮김, 현암사 펴냄, 2012
- "넌 네가 얼마나 행복한 아이인지 아니?" 조정연 지음, 국민출판사 펴냄, 2006
- "넌 네가 얼마나 행복한 아이인지 아니? 2" 김혜란 지음, 국민출판사 펴냄, 2008
- "다른 세상의 아이들" 제레미 시브룩 지음, 김윤창 옮김, 산눈 펴냄, 2007
- "둥글둥글 지구촌 환경 이야기" 장성익 지음, 풀빛출판사 펴냄, 2011
- "빈곤의 덫 걷어차기" 딘 칼런·제이콥 아펠 지음, 신현규 옮김, 청림출판 펴냄, 2011
- "빨간 양털조끼의 세계 여행" 볼프강 코른 지음, 이수영 옮김, 웅진주니어 펴냄, 2010
- "살아 있는 세계사 교과서" 전국역사교사모임 지음, 휴머니스트 펴냄, 2005
- "세계는 왜 싸우는가" 김영미 지음, 추수밭 펴냄, 2011
- "세계에서 빈곤을 없애는 30가지 방법" 다나카 유·가시다 히데키·마에키타미야코 엮음, 이상술 옮김, 알마 펴냄, 2007
- "세계의 빈곤, 남반구와 북반구의 비밀" 카리나 루아르 지음, 나선희 옮김, 사계절 펴냄, 2010
- "세계의 빈곤, 누구의 책임인가" 제레미 시브룩 지음, 황성원 옮김, 이후 펴냄, 2007
- "세계의 절반 구하기" 윌리엄 R. 이스털리 지음, 황규득 옮김, 미지북스 펴냄, 2011
- "왜 세계의 절반은 굶주리는가" 장 지글러 지음, 유영미 옮김, 갈라파고스 펴냄, 2007
- '이코노미 인사이트' 23호, 김요한 외 지음, 한겨레신문사 펴냄, 2012
- "절대빈곤" 이시이 코타 지음, 강병혁 옮김, 동아일보사 펴냄, 2010
- "지도 밖으로 행군하라" 한비야 지음, 푸른숲 펴냄, 2005
- "탐욕의 시대" 장 지글러 지음, 양영란 옮김, 갈라파고스 펴냄, 2008
- '한겨레 21' 923호, 정은주 외 지음, 한겨레신문사 펴냄, 2012
- "희망의 경계" 프랜시스 무어 라페·안나 라페 지음, 신경아 옮김, 시울 펴냄, 2005

- 이 책의 주요 독자가 어린이라는 점을 고려하여, 책 본문에서는 인용하거나 도움을 받은 자료의 출처를 명기하지 않은 대목이 있음을 밝혀 둡니다.

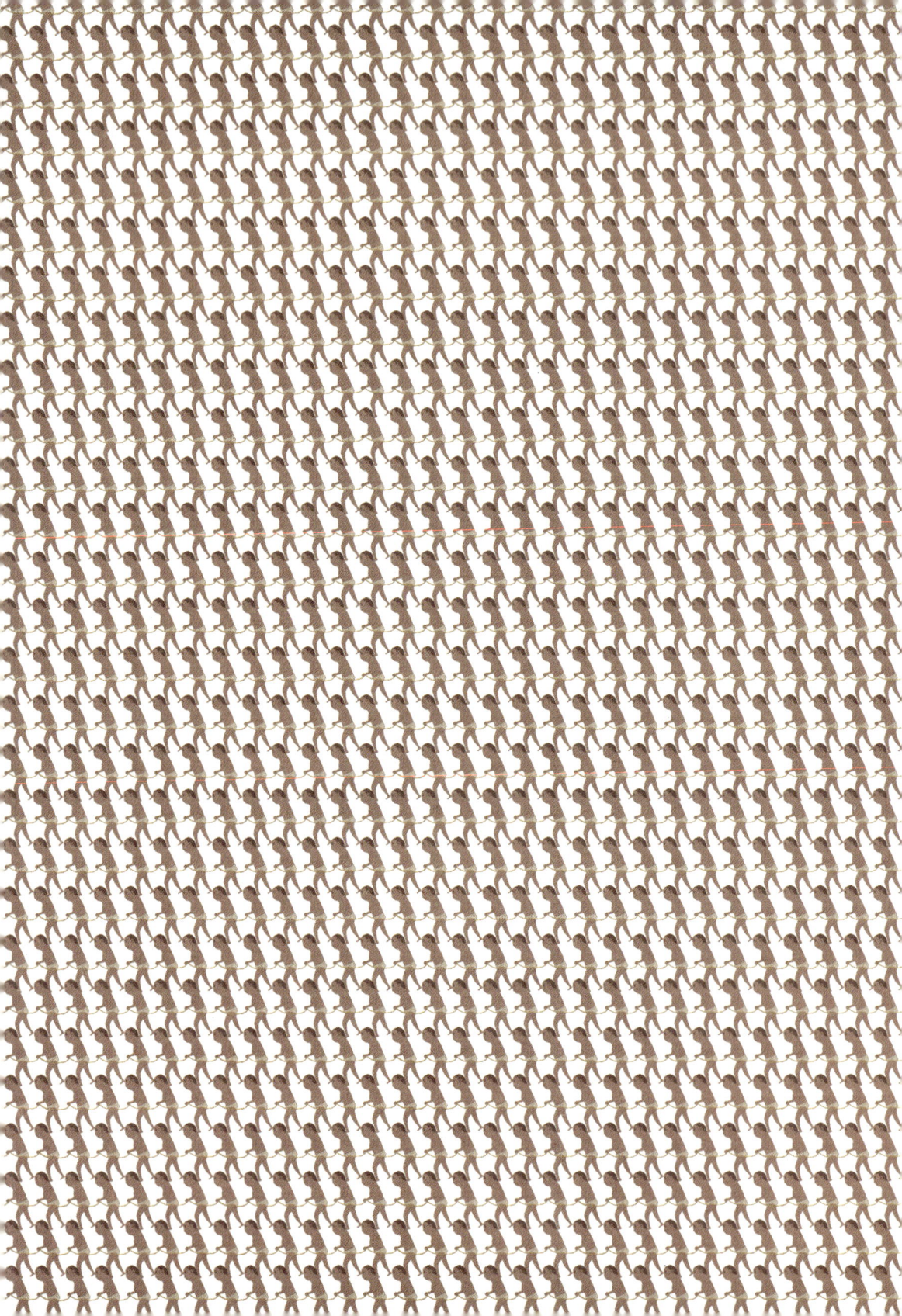